CB025403

Pecado e Castigo

UMBERTO FABBRI
JAIR DOS SANTOS

Pecado e Castigo

CorreioFraterno

© 2016 Umberto Fabbri

Editora Espírita Correio Fraterno
Av. Humberto de Alencar Castelo Branco, 2955
CEP 09851-000 – São Bernardo do Campo – SP
Telefone: 11 4109-2939
correiofraterno@correiofraterno.com.br
www.correiofraterno.com.br

Vinculada ao  *www.laremmanuel.org.br*

1ª edição – Setembro de 2016
Do 1º ao 3.000º exemplar

Impresso no Brasil
Presita en Brazilo – Printed in Brazil

COORDENAÇÃO EDITORIAL
Cristian Fernandes

REVISÃO
Maria Esguicero

CAPA E PROJETO GRÁFICO DE MIOLO
André Stenico

CATALOGAÇÃO ELABORADA NA EDITORA

Jair dos Santos (espírito)
    Pecado e castigo / Jair dos Santos (espírito); psicografia
de Umberto Fabbri. – 1ª ed. – São Bernardo do Campo, SP :
Correio Fraterno, 2016.
    176 p.

    ISBN 978-85-98563-93-0

1. Romance mediúnico. 2. Espiritismo. 3. Literatura brasileira.
4. França. 5. Álcool. 6. Alcoolismo. I. Fabbri, Umberto. II. Título.

CDD 133.93

O espírito é sempre o árbitro da própria sorte, podendo prolongar os sofrimentos pela pertinácia no mal, ou suavizá-los e anulá-los pela prática do bem.

ALLAN KARDEC
O céu e o inferno

SUMÁRIO

PREFÁCIO

Leite vos dei a beber, não vos dei alimento sólido;
porque ainda não podíeis suportá-lo.
PAULO, 1ª Epístola aos Coríntios, 3:2

COM O DESPERTAR para os assuntos do espírito, nossa capacidade de perceber o mundo que nos cerca se amplia e vislumbramos novas realidades. Não sendo mais crianças espirituais, podemos receber o alimento sólido e consistente das verdades divinas.

Na medida da evolução e do *amadurecimento* da humanidade, valorosos missionários foram enviados para nos proporcionarem maior autonomia diante de nossa ignorância e imaturidade, nos aproximando do Pai, o Criador, que nunca esteve inerte em sua obra, contando sempre com espíritos experientes e preparados para auxiliarem e conduzirem todo o maravilhoso mecanismo da vida existente no Universo.

Jesus, o excelso missionário de Deus, prometeu as consolações que adviriam das verdades a serem futuramente reveladas. E encontramos no trabalho gigantesco do codificador Allan Kardec (1804-1869), e dos espíritos de escol que com ele trabalharam arduamente, as elucidações que mudariam definitivamente nossa relação com o mundo espiritual, com Deus e conosco.

Ao passarmos pela comemoração de 150 anos do lançamento do livro *O céu e o inferno*, apresentamos esta singela obra que relata uma das existências de Jacques, o protagonista de nossa história, que teve como principal objetivo reencarnatório quebrar o orgulho do intelectual que fora outrora. Convidado a experienciar uma vida simples e a revisar seus valores e conceitos sobre a existência, Jacques depara-se com acontecimentos dolorosos e inesperados, descobrindo que o livre-arbítrio é parte integrante da justiça divina, regendo a lei de causa e efeito. E, quando mal-empregado, nos conduz a situações de dor, sofrimento e difíceis resgates.

Mesmo que nossas decisões sejam arbitrárias à lei de amor fraterno, sempre receberemos novas oportunidades, para que nenhum de nós, ovelhas do Pai, se perca, consoante com o que nos prometera o Mestre nazareno.

Podemos encontrar nos erros renovadas oportunidades de elevação espiritual e material. Isso desmistifica as estruturas antigas e enganosas de céu, inferno, purgatório, anjos e demônios. Na realidade, não existem pecados, mas, sim, enganos. Não somos castigados, contudo, a todo momento, convidados ao aprendizado para os resgastes necessários e, para tanto, encontramos no Evangelho de Jesus a bússola a nortear a caminhada, oferecendo o entendimento sobre a importância da renovação e revisão de escolhas, educando para o porvir glorioso, no qual criatura e Criador se encontram em definitivo.

JAIR DOS SANTOS

1

PECADO E CASTIGO

A NOITE ENCONTRAVA-SE mais escura do que nunca, em virtude de a luminosidade da lua estar totalmente encoberta por espessas nuvens que prenunciavam uma tempestade.

Jacques estava imóvel, sentado no banco tosco da varanda de sua casa simplória, feita de madeira. Sua condição beirava a miséria.

O mau tempo não poderia ser pior do que as notícias recentes, entregues pelo carteiro por volta das dezessete horas. Sua única filha, que fora estudar na cidade grande, estava morta.

A missiva de sua cunhada apenas informava que lamentável acidente ocorrera com uma carruagem em local próximo ao Sena, vitimando sua querida Eliette.

Sua garotinha saíra embalada pela esperança de construir uma vida melhor, diferente daquela de seus pais, meros camponeses dos arredores de Versalhes. Partira com reduzidíssima quantia em dinheiro. Iria auxiliar a tia, ajudando nos afazeres da casa, até que arranjasse trabalho como serviçal ou cozinheira na residência de alguma família respeitável.

Geneviève, cunhada de Jacques, quando visitara sua casa no verão passado, encantara-se com a sobrinha que despertara da adolescência. Lembrava-se da querida Eliette como a criança tranquila de anos atrás. Sua tia não tinha muito tempo para as visitas familiares, porque dizia andar sempre ocupada com as atividades na casa de nobre francês na qual servia como governanta.

Naturalmente a carruagem que a levara para a visita era um dos carros pertencentes ao seu patrão e as roupas finas que usava provavelmente foram doadas pela patroa, que havia ganhado uns quilinhos a mais, e com isso, os vestidos ficaram extremamente apertados e desconfortáveis.

A sobrinha, vendo todas as possibilidades apresentadas pela tia, encantou-se com a oportunidade de ir para a cidade e melhorar sua vida.

Paris, no ano de 1864, fervilhava, tanto na arte, quanto na cultura. As questões culturais interessavam particularmente a jovem, fato que revelava certa tendência de seu passado recente, pois fora estudante dedicada em suas últimas reencarnações.

No entanto, utilizara de sua cultura e instrução de forma egoísta, pensando somente em seus interesses. Dentro de seu tolo orgulho, não soube gerenciar adequadamente a prova da riqueza, não compartilhando coisa alguma com ninguém.

Experimentava, na presente existência, uma vida comum para, dessa forma, valorizar suas conquistas e exercitar a humildade.

Até aquele instante, a moça saíra-se relativamente bem. Frequentara a escola da cidade com notas destacadas; no entanto, as universidades parisienses sempre encantaram o seu coração. O *glamour*, não somente do estudo, mas também da vida na grande Paris, de uma maneira geral, era o sonho que acalentava. Havia jurado para si mesma que, um dia, deixaria o local comum onde vivia e brilharia na capital.

Os registros que brotavam do seu subconsciente profundo como intuições estimulavam sobremaneira seu desejo de partir.

A tia seria seu ponto de apoio inicial, pois ela buscaria, com o tempo, seguir a vida de forma totalmente independente.

Laurette, sua mãe – apesar de ficar preocupadíssima com a amada garotinha, como costumam agir quase todas as mães em relação ao futuro dos filhos –, sabia que a proposta de sua irmã soava como o melhor investimento que o casal poderia fazer naquele momento.

A saudade machucaria em muito aqueles corações simples, porém, a oportunidade que despontava para a jovem não poderia ser desperdiçada.

Todas essas lembranças passavam rápidas pela cabeça de Jacques. Como ele explicaria o ocorrido para a esposa? Eliette praticamente acabara de sair de casa. Deveria fazer pouco mais de três meses. Por que a vida se mostrava tão cruel em relação às esperanças em ver a sua menina em melhores condições?

Teria que suportar tamanho castigo de Deus, conforme o religioso havia falado quando não se é integralmente bom? Nascera igual a todos os outros filhos do Criador, com o pecado original. Então, deveria estar recebendo o seu quinhão corretivo.

Não tinham eles matado o filho de Deus? Entendia que todas as crueldades que pudessem lhe ocorrer estavam ligadas às culpas pelas atitudes completamente errôneas cometidas pela humanidade durante milênios.

Suas lágrimas e a dor que sentia pareciam levá-lo à morte também, porque chegavam a sufocá-lo tão intensamente que não sabia se suportaria por mais tempo aquela tortura.

Decidiu entrar em casa e conversar com a esposa. Quando Laurette viu o estado do marido, com uma carta em suas mãos, imaginou o pior. A princípio, poderia ser o falecimento de sua mãe, que andava muito mal de saúde naqueles tempos, mas jamais iria supor que se tratava de Eliette.

A menina era como uma flor desabrochando, cheia de energia, com a vida toda pela frente. Ademais, sua irmã era responsável e zelaria pela sobrinha tão estimada.

— Jacques, o que aconteceu, meu senhor?

— Uma desgraça, senhora. Uma desgraça...

— Com quem, meu Deus? Com minha mãe?

— Não. Muito pior...

— Pior? Como assim?

— Nossa filha sofreu um acidente...

Laurette sentiu perder o controle sobre suas pernas e, antes que caísse, foi sustentada por Jacques, que rapidamente a acomodou em uma cadeira.

— É grave, meu senhor?

— Gravíssimo, senhora.

— Meu Deus, não mereço isso! Não me castigue

por intermédio de minha filha. Tenha misericórdia de mim – suplicou a mãe aflita, olhando para o alto.

– Como está ela, Jacques? Diga-me...

O corpo de Laurette tremia sem controle algum, enquanto a respiração dava sinais de que poderia faltar a qualquer momento, ceifando-lhe a vida.

– Um acidente com uma carruagem tirou a vida de nossa filha – disse Jacques, encerrando sua curta narrativa.

Aos gritos e em total desespero, ajoelhou-se diante da esposa, abraçando-se fortemente, buscando partilhar a dor imensa que sentiam naquele instante.

Minutos após, Laurette começou a se sentir mal. A respiração tornou-se ofegante e os batimentos cardíacos mostraram-se totalmente descompassados, levando-a ao desmaio.

A forte emoção daqueles instantes acarretou o rompimento de um aneurisma, encerrando a jornada terrena da esposa de Jacques.

Os vizinhos, ao ouvirem os gritos de desespero, acorreram céleres, mesmo debaixo do aguaceiro que se iniciara.

Ao entrarem na humilde moradia, buscaram socorrer Laurette, porém, esta acabara de expirar. Tentaram conter o desespero de Jacques que blasfemava contra Deus, pedindo que um raio terminasse com a sua vida miserável.

Foram necessários três homens fortes, seus amigos da vizinhança, para conter sua ânsia em querer pôr fim à existência.

Com muito custo, Jacques aceitou um preparado de ervas calmantes, maceradas em uma medida de água.

Para ele, não restava mais coisa alguma...

2

DÚVIDAS

RENÉ, UM DOS amigos mais próximos de Jacques, resolveu levá-lo para sua casa, após as exéquias de Laurette.

De acordo com a esposa dele, Sabrine, Jacques ficaria mais amparado nos dias que se seguiriam, evitando inclusive atitudes intempestivas, pondo em risco a própria vida.

A perda de ambas, esposa e filha, que eram tudo na vida do amigo, não seria superada facilmente. Ele estava muito fragilizado e debilitado. Durante mais de quarenta e oito horas, Jacques somente ingerira água, recusando qualquer tipo de alimento que lhe era oferecido.

Segundo Sabrine, naquele momento o melhor a fazer, talvez, fosse chamar um médico. O dinheiro de que dispunham era pouco, mas Jacques era muito querido na comunidade. Socorro não lhe faltaria.

Sempre fora homem honesto e cumpridor de suas obrigações. Herdara aquele pequeno campo de seus pais, com o qual sustentava a família e dera estudo para a jovem Eliette. O que ocorrera com aquela linda menina realmente fora uma verdadeira fatalidade.

René concordou com a esposa e reuniu-se com os amigos mais chegados, a fim de angariar fundos e trazer o médico da cidade para sua casa. Todos aquiesceram, e o profissional foi chamado.

Procedimentos urgentes para situações dessa natureza foram adotados, buscando tirar Jacques de sua tristeza profunda.

Após cerca de uma semana, os resultados da terapia foram razoáveis, e ele voltou a se alimentar com alguma regularidade, enquanto todos os conhecidos procuravam estimulá-lo ao retorno de suas atividades rotineiras.

Certa noite, Jacques tomou uma decisão e resolveu comunicá-la a René:

– Vou até Paris para averiguar o que, de fato, aconteceu.

– Jacques, faz sentido você ir buscar outras informações, sim, mas, neste momento, não seria prematuro?

– Quero visitar o local onde está sepultada minha Eliette. Não entendo por que Geneviève não apareceu e tampouco deu notícias até agora. O que poderá ter acontecido? Sua carta era breve, aliás, um verdadeiro bilhete.

– Você pode imaginar o drama de consciência que ela deve estar vivenciando, Jacques? Imagine, a única sobrinha, que estava sob sua tutela morre em um acidente. O que ela poderá estar pensando quanto às suas reações?

– Ela foi localizada, René?

– O rapaz que nós enviamos ao endereço que você possuía não conseguiu encontrá-la. Talvez não conheça bem Paris. Honestamente, não sei...

– Sinto que fui negligente com minha filha. Depois de sua mudança, recebemos apenas uma carta de Geneviève, dizendo que a sobrinha estava bem de saúde e divertindo-se muito na cidade. Deveria ter ido me informar melhor sobre o que estava acontecendo; afinal, a distância não é tão grande assim. Somente hoje acho suspeito Eliette não ter escrito uma linha, contando de seus primeiros dias. Eu me envolvi de tal maneira na colheita, que não consegui atinar com mais nada. Foi um erro!

– Jacques, não é bem assim. Ela não estava entre estranhos. Geneviève é sua cunhada. Pare de dar asas à sua imaginação. Acidentes acontecem, infelizmente, vitimando pessoas jovens também.

– Não sei, René, estou cismado.

– Pois tire isso de seu coração, homem. Você só irá aumentar a sua dor. Espere mais alguns dias, recupere-se e depois poderá fazer a jornada em paz. É dura a partida dos nossos entes queridos, mas a vida tem que continuar.

– Você poderá cuidar do meu campo, René?

– Óbvio que sim, amigo. Não se preocupe. Tudo continuará na mais perfeita ordem.

Os dias se passaram, e Jacques retornou ao lar. Suas lembranças eram verdadeiras lâminas que lhe cortavam o coração. Uma dor alucinante atravessava seu interior, apesar da medicação calmante ministrada estar cumprindo o seu papel.

O campo não poderia ficar abandonado, e Jacques, lutando contra o desânimo, foi voltando aos poucos ao trabalho edificante. Contudo, a total ausência de notícias da cunhada nas semanas seguintes era, no mínimo, intrigante. O que teria de fato ocorrido?

As respostas teriam que ser dadas em algum momento, por uma questão de justiça e pacificação de seu coração angustiado.

Não resistindo mais à ansiedade, decidiu pôr o seu plano relativo à sua viagem para Paris em ação. Porém, o pouco dinheiro que possuíra tinha sido gasto no sepultamento da esposa querida. O valor gasto com o médico, ele tinha obrigação de reembolsar, pois os amigos viviam em dificuldades semelhantes às suas. As propriedades eram pequenas, e a produção, por melhor que fosse, não rendia muito, principalmente no seu negócio, que se constituía na plantação de verduras e legumes. A margem para o produtor sempre era ínfima.

Como pagar hotel e comida, caso não encontrasse ou não pudesse ser hospedado pela cunhada? Apesar de a distância ser relativamente curta entre as cidades, ele não poderia ficar indo e vindo o tempo todo. Se dormisse pelas ruas, certamente teria problemas com a polícia ou correria riscos desnecessários.

Pedir dinheiro emprestado estava fora de suas cogitações, mas a ideia da viagem para esclarecer o ocorrido se transformara em verdadeira obsessão.

Para angariar fundos, decidiu que venderia o pouco que tinha de valor dentro de casa e, com isso, iria a Paris.

3

JUSTIÇA E AMIZADE

O INCONFORMADO JACQUES reuniu os amigos e expôs os seus planos. Ficaria distante o mínimo de tempo possível, o suficiente para esclarecer o ocorrido, fato que, aos poucos, consumia o pobre homem.

Lentamente a auto-obsessão estava se instalando, prejudicando diretamente algumas funções cognitivas. Seu senso começava a dar mostras de perda de direção, principalmente em assuntos de maior importância para o seu ramo de negócio.

Alguns dos presentes reforçaram a posição de René. Era justo, sim, saber de mais detalhes e visitar a sepultura da filha, mas esperar um pouco para arranjar dinheiro com o resultado da próxima colheita talvez fosse o mais racional nesse momento. Afinal, Eliette, com todo respeito, já havia falecido e isso não alterava nada. Vender as coisas, poucas mesmo, além do valor alcançado ser mínimo em virtude da urgência, somente deixaria Jacques com menos ainda do que possuía.

Os amigos não tinham interesse em adquirir nada que fosse seu, e o pouco dinheiro que haviam poupado serviria para o sustento da família no inverno que se aproximava.

Todavia, Jacques estava tão decidido que deu a cartada final. Eles poderiam ficar também com o seu campo, desde que arranjassem um pouco mais de dinheiro e, quando ele retornasse, trabalharia como arrendatário, até conseguir pagar os valores emprestados com os juros inclusos.

Todos se entreolharam diante da proposta desesperadora do camarada de tanto tempo. Um deles, de nome Pierre, inspirado que foi naquele instante pelo seu amigo espiritual, verificando que nada alteraria a decisão de Jacques, propôs:

— Bem... acredito que possamos fazer de forma contrária. Você poderá localizar sua cunhada, esclarecer as coisas e retornar em breve tempo. Então, tudo o que acertarmos aqui fica por isso mesmo. Entretanto, a sua busca pode ser mais demorada, concorda?

– Sim!

– Minha proposta para o grupo é a seguinte: caso ocorra uma extensão no prazo de sua viagem, nós trabalharemos no seu campo, e o que produzirmos quitará o seu débito para conosco. Dessa forma, você poderá levar mais dinheiro e encerrar esse assunto definitivamente.

– Mas, Pierre, não me parece justo vocês emprestarem o dinheiro em troca do trabalho em meu campo, sem juros, sem nada. Ainda por cima, trabalhando dobrado, porque terão que cuidar dos seus campos e do meu.

René resolveu interceder:

– Jacques, não se trata de justiça e, sim, de amizade. Que adianta praticar toda a justiça do mundo e não ter amigos?

– Aquilo que, às vezes, achamos justo não necessariamente é a verdade. No último domingo, o pastor da igreja falou exatamente sobre isso, dizendo que os doutores da lei que condenaram Jesus achavam que estavam sendo justos, claro, na defesa dos interesses deles. Porém, cometiam o maior pecado do mundo, manchando suas mãos com o sangue de um santo, de um justo verdadeiro.

– Então, meu amigo. Faça a sua parte. Todos concordam?

A adesão foi maciça entre os companheiros que,
imediatamente, retornaram para as suas casas para
apanhar as reservas financeiras e auxiliar aquele
pai desesperado.

Naturalmente, os recursos não eram muito ex-
pressivos. Todos eram lavradores pobres e lutavam
com dificuldades enormes para sobreviver. Quando
entregaram o dinheiro para Jacques, este somente
aceitou cinquenta por cento do total, porque co-
nhecia os contratempos que eles teriam em relação
ao inverno que se aproximava. Se a estação retornasse, neste ano, com o mesmo rigor da experiência
passada, os problemas poderiam ser mais sérios.

Os amigos insistiram que Jacques levasse uma
soma maior, mas não conseguiram o intento em
demovê-lo. Todos disseram que os recursos que ele
estava levando dariam para, no máximo, dez dias,
se tanto. Isso se conseguisse uma pousada mais em
conta para pernoitar e se alimentar.

Paris sempre fora uma cidade cara, principalmente para aquela gente do campo e de poucos recursos.

Geralmente, tinham dificuldades em vender seus
produtos por um preço justo, porque os atravessado-
res sempre interferiam, tentando levar vantagens.
De certa maneira, vender por atacado era melhor,
porque o serviço pesado de plantar, colher e cuidar

dos afazeres, por vezes contando somente com o auxílio das esposas e de alguns dos filhos maiores, já consumia todo o tempo daquelas pessoas. A diversão, quando muito, se dava após o culto de domingo, o passeio ao redor do lago que ficava próximo da igreja e um lanche, que era feito e levado de casa. Ali se reunia a diminuta comunidade e conversava durante algumas horas.

Ir até Versalhes, apesar de não ser muito distante, demandava alguns quilômetros de caminhada. Paris, então, nem pensar!

As crianças frequentavam a escola fundada pela própria igreja, dando-lhes o mínimo necessário de instrução. O padrão de vida não variava tanto se comparado à Idade Média, no tocante às dificuldades apresentadas naquele período da História.

Tudo o que acontecia na França e em parte da Europa em relação à cultura, educação e conquistas não estava ao alcance daquele povo simples. Apesar das dificuldades em que viviam, eram relativamente felizes, do jeito deles.

4

PROCURAR EM VÃO

JACQUES EMPREENDEU A viagem em carruagem alugada. Sendo o veículo de pequeno porte, puxado somente por um cavalo, demoraram o dia todo para chegar a Paris. Foram necessárias várias paradas para poupar o animal.

Nos arredores da cidade, em um bairro mais simples, ele encontrou pousada e alimentação com preços módicos, possíveis de serem arcados, provavelmente por quinze dias.

Alojando-se em quarto que mal cabia uma cama de solteiro, procurou descansar depois de breve refeição.

No dia seguinte, despertou cedo e, feito o desjejum, encaminhou-se para o endereço que Geneviève informara como sua residência.

Como foi a pé, levou a manhã inteira para alcançar um dos bairros mais nobres de Paris. Com as referências colhidas com transeuntes, chegou defronte a uma gigantesca mansão.

Bateu palmas no grande portão de ferro, totalmente esculpido com imagens de flores. Entre as aberturas podia ser visto um jardim imenso, extremamente bem cuidado, e uma casa de três pavimentos. Um verdadeiro palácio! Em sua simplicidade, o único local mais requintado e rico que havia entrado era a Igreja de Saint Symphorien, em Versalhes.

Como seria a vida dentro daquele palácio? Se a cunhada era governanta ali, residindo no local do trabalho, já deveria estar habituada com aquela pompa toda. Agora entendia a carruagem e as roupas caras que Geneviève usara quando da visita à sua casa.

Foi desperto de seus devaneios pelo segurança da propriedade, que, ao ver aquele sujeito simplório, reclamou:

— Não temos nada para doar hoje. Vá embora...

— Senhor, não vim pedir coisa alguma. Estou à

procura de minha cunhada, que me visitou faz algum tempo e me deixou esse endereço como seu local de trabalho e provável moradia.

– Isto é alguma brincadeira? Não bastou o moleque que veio procurar a governanta algum tempo atrás? – perguntou o segurança, demonstrando irritação.

– Foi um mensageiro que meus amigos enviaram, em virtude do falecimento de minha filha. Ela veio residir em Paris com a tia, minha cunhada. Aliás, o endereço que me foi passado é este mesmo.

– Ora, isto só pode ser um truque de um malandro querendo levar vantagem. Desapareça antes que eu abra os portões e solte os cães sobre você.

– Por favor, senhor, eu imploro! Não quero nada e não sou salafrário. Sou apenas um camponês, pai de família. Minha única filha veio a Paris e recebi uma pequena carta de sua tia, informando que ela falecera em um acidente. Por conta dessa notícia infeliz, minha esposa morreu em meus braços, assim que eu a informei sobre o fato. Se o senhor for pai, pode calcular o que eu venho sofrendo. Só preciso de informação, nada mais. Ajude-me...

O homem pareceu se condoer. Abriu um dos portões e saiu acompanhado de dois cães enormes, presos a correntes. Jacques notou de imediato as armas que o guarda portava e, por um instante, vacilou. Por que o segurança teria tomado aquela atitude depois de enxotá-lo dali? No entanto, para sua surpresa, foi apenas questionado:

– Deixe-me ver do que se trata.

Jacques entregou o papel que trazia em suas mãos, com o endereço e o nome completo da cunhada.

– O endereço confere, porém, nunca ouvi falar dessa pessoa aqui, muito menos como governanta. A nossa já trabalha há mais de quinze anos nesta casa. Eu mesmo já estou em minhas funções há vinte anos e, até hoje, não tivemos nenhuma serviçal que eu me lembre de nome Geneviève.

– Talvez ela use outro nome. Eliette, minha filha, uma moça, veio a Paris...

Jacques foi interrompido pelo segurança, que completou:

– Nunca tivemos aqui uma moça com esse nome, principalmente sendo sobrinha de um funcionário. Nosso patrão não admite a contratação de parentes. Você deve estar com o número da casa ou endereço incorreto. Mas, como conheço bem as redondezas e sou amigo de muita gente que trabalha por aqui, se houvesse uma Geneviève e sua sobrinha, fatalmente eu estaria sabendo. Essas notícias de gente nova correm rápidas.

– Será que o senhor poderia perguntar para o seu patrão? Pode ser que ele tenha algum amigo que saiba da história. De repente, conhece alguém...

– Você é louco ou o quê? Acredita que vou importunar o meu patrão com essa conversa? Acho que você tem tomado muito sol e isto está lhe fazendo mal. Agora chega, vá bater em outro lugar...

– Desculpe, senhor. Fique tranquilo que eu não mais o importunarei. Obrigado, em todo caso.

O homem entrou e bateu com força o portão no rosto de Jacques. Porém, apesar do tratamento áspero, ele não poderia desistir e caminhou um pouco mais em direção a outro palacete na mesma rua.

Ao encontrar o guarda na calçada, abordou-o com educação; no entanto, mal iniciou a exposição a respeito do que buscava e foi subitamente interrompido, recebendo duras ameaças:

– Escute aqui, seu imbecil. Você não é o primeiro que vem com histórias tristes por essas bandas. A ordem que temos por aqui é enxotar gente assim. Desapareça ou eu lhe mando para o inferno.

O sujeito sacou de sua pistola e apontou para o pobre Jacques que, por um instante, não sabia que atitude tomar: correr ou pedir clemência para aquela criatura rude. Estava exaurido por tudo o que havia passado, inclusive muito cansado por causa da caminhada da manhã. Diante do quadro, achou melhor a segunda opção e caiu de joelhos na frente do guarda, implorando:

– Por misericórdia, senhor, não tome nenhuma atitude violenta contra a minha pessoa. Sou um pai em busca de notícias da filha morta, só isso. Não quero nada que não seja uma simples informação...

— Ainda por cima é covarde... Caia fora, seu vadio, porque não sei em que momento o meu dedo que está no gatilho irá coçar.

Jacques levantou-se e saiu rapidamente do local. Aqueles tempos eram difíceis e, se alguém intentasse contra a sua vida, quem daria por sua falta? Ademais, qualquer segurança de uma daquelas mansões poderia alegar que usara de força bruta para proteger a propriedade em que trabalhava, impedindo um indivíduo que tentava invadi-la.

O jeito seria procurar a prefeitura e outros órgãos oficiais, evitando correr riscos desnecessários.

5

PEREGRINAÇÃO

CHEGANDO À PREFEITURA, o infeliz pai foi inicialmente buscar por algum registro provável do cemitério onde a filha poderia ter sido sepultada e também o paradeiro da cunhada.

Ao consultar o departamento de obituários, não encontrou registro algum do falecimento de Eliette.

Procurou, então, o endereço de Geneviève, recebendo a informação de que o último registro de moradia que possuíam de sua cunhada datava de mais ou menos cinco anos atrás.

Jacques não se fez de rogado e, no mesmo dia, já próximo do anoitecer, decidiu se dirigir ao local.

Ao sair da prefeitura, foi direto a um pequeno mercado que não ficava muito distante e comprou pão e um pedaço de queijo. Até aquela hora, a única refeição que fizera fora o desjejum. Apesar de ser a principal refeição do costume francês, a pousada em que se hospedara tinha um preço módico, e os itens oferecidos eram mínimos, geralmente pão, café e um pouco de manteiga. Ele passara o dia em jejum para economizar. Seu dinheiro daria para pagar uma refeição por dia, caso Jacques quisesse manter seus planos em estender sua estada na capital.

Todo o percurso foi realizado a pé, para um bairro nos arredores da cidade. Era interessante a visita, não obstante o adiantado da hora, porque o local ficava no caminho de sua pousada. Com sorte, Geneviève poderia estar em casa.

Caminhando, foi fazendo a sua parca refeição, enquanto a noite começava a descer o seu manto lentamente. Tinha de ganhar tempo, porque onde se hospedara a iluminação feita por bico de gás ainda não havia sido instalada nas ruas.

Paris passava por grandes alterações em sua arquitetura e serviços de infraestrutura, com a administração de Georges-Eugène Haussmann. No entanto, os trabalhos, apesar de se encontrarem acelerados, não haviam ainda alcançado os arredores da cidade, onde Jacques se instalara.

Depois de uma boa marcha, estancou diante de uma casa de tamanho razoável, com iluminação fraca nas laterais de uma das colunas que sustentava imenso portão. Muros e portões altos e cerrados davam a impressão de esconder algo ilícito em seu interior. Jacques não se intimidou e bateu no metal, sem medir muito a força. Sendo um homem simplório, suas atitudes, por vezes, eram um tanto rudes.

Uma pequena portinhola foi aberta e o rosto de homem, demonstrando profundo mau humor, surgiu perguntando:

— O que você quer aqui provocando esse escândalo todo?

— Queira perdoar, senhor. Não pensei que as minhas batidas fossem provocar tamanho estrondo. Serei breve.

O sujeito, fitando aquela criatura de modos e vestimentas surradas, resmungou:

— Acho bom. Fale logo...

— Procuro por minha cunhada, cujo endereço localizei há pouco na prefeitura. Chama-se Geneviève, e seu último registro de moradia é neste local.

— Escute aqui, seu camponês idiota. Aqui não tem nenhuma Geneviève ou qualquer pessoa com nome semelhante. Desapareça antes que eu saia e coloque você para correr. Não volte mais aqui, entendeu?

– Desculpe se insisto, mas é que o endereço...

– Já disse. Desapareça...

O homem bateu a portinhola rudemente, e Jacques resolveu não insistir. Procurou por alguma brecha nos altos muros para ver algo, mas o local era indevassável.

Pelo adiantado da hora e não querendo se expor na escuridão, foi direto para sua hospedaria. Ao chegar, pediu algo para comer e foi servido a ele um *ratatouille* mirrado.

Jacques foi comendo devagar os legumes, buscando ganhar tempo para fazer algumas perguntas ao rapaz que servia as mesas. Aos poucos, os hóspedes foram se dirigindo para os respectivos aposentos e foi possível entabular uma rápida conversa.

– Por favor, seu nome é?...

– Hadrian. O senhor deseja mais alguma coisa?

– Não, Hadrian. Estou satisfeito. Apenas gostaria de uma informação a respeito de um endereço, pode ser?

– Se eu souber...

– Trata-se de uma casa na rua S., com grandes portões de metal e muros altíssimos.

O jovem deu um sorriso irônico e perguntou:

– Por que quer saber?

– Procuro por uma pessoa e, na prefeitura, consegui o endereço onde se localiza a casa que acabo de descrever.

– Tem certeza de que o endereço é aquele mesmo?

– Sim. Conferi mais de uma vez antes de bater. Não estou entendendo seu questionamento?

– Explico-me. Pelo que sei, trata-se de um local de jogos, onde alguns endinheirados costumam frequentar, longe de olhares curiosos. Parece que a bebida e as mulheres fazem parte da diversão.

– Sério? Não pode ser. Como posso entrar lá?

– Esqueça, senhor. Por favor, não me interprete mal, mas é necessário ser apresentado por algum frequentador, estar com trajes finos e com uma quantidade de dinheiro razoável para ser aceito.

– Não tenho por que interpretá-lo mal, Hadrian. Suas informações são extremamente válidas, obrigado. Peço licença para me retirar... Boa noite!

– Boa noite, senhor!

Jacques deitou-se e não conseguiu pregar os olhos. Seus pensamentos pareciam estar em um verdadeiro turbilhão.

– Seria possível Geneviève estar envolvida em meretrício e jogatinas? E, ainda pior, ter envolvido Eliette?

– Meu Deus, como poderia ser possível? Era sua cunhada, tia de sua garotinha. Provavelmente, a localização não deveria estar correta. E se estivesse? – perguntava-se.

Em seus devaneios auto-obsessivos, somente as figuras mais desagradáveis surgiam à sua frente. Sem atinar com o quadro que era montado mentalmente, Jacques estava se tornando uma criatura enferma.

Piorando sua situação psíquica, as vibrações desequilibradas emitidas com certa regularidade iniciaram o processo de atração de espíritos desequilibrados, interessados em assuntos infelizes e depressivos.

Com esse comportamento, o pobre Jacques estava se tornando uma presa fácil.

6

ASSESSORIA SINISTRA

LEVANTOU-SE ABATIDO E cansado pela noite praticamente passada em claro. Depois do desjejum, Jacques retornou ao endereço que recebera na prefeitura.

Não tinha esperanças em ser atendido. Talvez alguém da vizinhança pudesse ajudar com qualquer informação.

Olhou novamente a casa e analisou com maior atenção as marcas das rodas de carruagens no

piso de terra. Todas eram razoavelmente fres-
cas, demonstrando a grande movimentação da
noite anterior. Várias marcas vinham do interior
do domicílio, que deveria contar com um espaço razoável para abrigá-las enquanto os donos
lá permaneciam.

Andou pelas redondezas até uma das residências
mais próximas. Bateu palmas e foi atendido por uma
senhora simples e educada.

— Pois não, cavalheiro, o que o senhor deseja?

— Senhora, bom dia! Busco apenas uma informação. Procuro por uma pessoa, cujo endereço me foi
fornecido na prefeitura. Se eu puder resumir minha história?

— Pois não.

Jacques fez o relato mais sintético possível e percebeu que tocou nos sentimentos de sua interlocutora.

— Posso entender sua agonia, senhor, porque tenho filhos também. Sinto muito pelo que vem passando. O que sei, por intermédio de meu marido,
é que o local tem uma frequência regular de gente
interessada em jogos, bebidas e diversão.

— A polícia, senhora, sabe da existência deste local?

— Sim, e não é o único que promove esse tipo de
atividades, diga-se de passagem. A proprietária parece que possui uma casa mais luxuosa em bairro
razoavelmente elegante de Paris, onde a frequência

é de gente mais endinheirada. Sei disso porque meu esposo, Joseph, possui uma carruagem de aluguel e já prestou serviço para alguns frequentadores de ambos os locais. Em relação à polícia, o senhor sabe como costumam ser essas coisas, não? Prefiro não comentar. Caso o senhor queira outras informações, meu marido deverá retornar mais cedo hoje, por volta das dezesseis horas.

Jacques agradeceu a gentileza com que foi tratado e prometeu voltar no horário informado. Decidiu que retornaria para sua pousada e ficaria aguardando o momento de encontrar-se com Joseph.

Parecia que as coisas tomavam novos rumos. Saber mais sobre a proprietária era um dado extremamente importante.

Contudo, o que Jacques não imaginava era o que construía vibratoriamente para si mesmo. Mantendo pensamentos repetitivos, lastreados de grande carga negativa, começava a receber inspirações de entidades viciosas e vingativas.

Iniciou mentalmente um plano de revide, de vingança, caso encontrasse Geneviève, que considerava ser a grande causadora de toda esta terrível situação. Ela não havia tirado todas as esperanças de sua vida, sendo a principal responsável pela dor que sentia? Levara de casa sua menina, o sol de sua alma, e, provavelmente, como não protegera adequadamente sua filha, ela estava agora morta... Sem contar que a perda da filha amada fora uma notícia sofrida demais para sua boa esposa, que não resistiu, partindo também. Caso suas suspeitas se confirmassem, a morte de Geneviève seria pouco diante do sofrimento dele.

Apesar de não possuir qualquer informação palpável, acreditava piamente que sua cunhada escondera algo, o enganara de alguma forma, por isso mereceria maior condenação. Ela iria pagar caro sua dor.

Os espíritos que se aproximaram do pobre e incauto Jacques demonstravam satisfação especial. Os desdobramentos poderiam ser melhores que os inicialmente esperados.

Durante o dia todo, Jacques viveu grande ansiedade, recebendo mentalmente sofisticadas sugestões de vingança, todas elas justificadas pelos prejuízos pessoais experienciados.

Às dezesseis horas em ponto, ele estava em frente ao lar de Joseph. Este chegou logo em seguida, conforme informara sua esposa.

Vendo o pobre camponês, perguntou:

– O senhor deseja algo?

Jacques explicou-lhe rapidamente a conversa que tivera com a senhora de seu interlocutor e o tipo de informação que buscava.

Joseph, homem experiente e um tanto desconfiado, achou melhor chamar a esposa e confirmar a história toda.

Após os esclarecimentos, Jacques solicitou:

– O senhor poderá auxiliar-me?

– Não sei muito mais do que minha mulher, Dominique, informou. Conheço o outro local de jogatinas, uma mansão em um bairro nobre, cuja frequência é de gente que possui muito dinheiro. Lá os vinhos e os acepipes caros são servidos à vontade. Algumas vezes levei senhores e jovens até lá e sei de alguma coisa pelas poucas conversas que ouvi dos passageiros mais desavisados ou pelo porteiro da mansão.

– O senhor já viu alguma vez a proprietária?

– Nunca! Soube que é uma dama de meia-idade, mais nada.

– O senhor poderia me prestar um serviço me levando até lá?

– Posso. Porém, não me leve a mal, senhor Jacques, mas duvido que o senhor passe do portão. É coisa de gente rica e influente, o que exige a maior discrição possível. Não quero desencorajá-lo, mas creio que gastará tempo e dinheiro à toa.

– Mesmo assim, quero tentar...

– Já que insiste... Tenho um serviço para acabar aqui em minha casa, volte às dezoito horas e eu o levarei até onde deseja.

– Combinado. Agradeço seus préstimos.

No horário acordado, a carruagem estava pronta e foram em direção ao novo endereço.

Entraram no bairro elegante e discreto. Jacques desembarcou próximo do local, buscando evitar suspeitas. Solicitou que Joseph o aguardasse para o retorno até a sua hospedaria.

Pôs-se a inspecionar os arredores. Viu a imensidão dos jardins que as residências possuíam e começou a dar asas à imaginação. Poderia comprar algumas ferramentas e oferecer seus serviços como jardineiro. Quem sabe conseguiria chegar até o seu objetivo e, aos poucos, aproximar-se dos seguranças e demais serviçais da casa suspeita colhendo informações mais concretas? O que tinha a perder? Nada!

Passou discretamente pelos altos portões, notando que o movimento se iniciava, com um esquema muito bem montado para a entrada das carruagens e desembarque dos frequentadores. Tudo feito de forma rápida e discreta, com vários serviçais e seguranças.

Avaliou que seria muito difícil montar uma vigilância e conhecer os hábitos dos funcionários e possíveis prestadores de serviço. Em todo caso, valia a pena tentar. As inspirações que recebia das duas entidades que se locupletavam de suas fragilidades e ignorância espiritual estimulavam ainda mais o que ele próprio alimentava em seu íntimo: a certeza de que Geneviève estava envolvida com aquilo tudo. A assessoria sinistra das entidades começava a ganhar espaço.

Retornou à pousada e decidiu escrever uma carta para René, oferecendo sua propriedade para o amigo ou alguém que tivesse interesse em adquiri-la, pois decidira fixar residência nos arredores de Paris.

7

OBSESSÃO

COM O PASSAR dos dias, o dinheiro estava sendo consumido mais rapidamente do que Jacques poderia supor. Precisava arrumar algum trabalho para manter-se decentemente até que recebesse os valores da venda de seu campo.

Certa tarde, René apareceu na pousada de onde o amigo enviara a carta. Encontrou Jacques retornando com algumas ferramentas. Cumprimentaram-se, e René iniciou o diálogo:

– O que está se passando com você, meu amigo? Está tudo bem?

– Sim, está.

– Tem certeza? Não quero interferir em sua vida, porém, estou surpreso e preocupado com sua decisão de vender sua propriedade. O que você pretende fazer nessa cidade absurdamente cara? Jacques, você é um homem do campo, como vai sobreviver aqui?

– Estou procurando trabalho como jardineiro. Não tenho mais desejo em retornar para a minha casa, depois de tudo o que aconteceu...

– Mas você tem os amigos, o pastor de nossa comunidade, entre outras tantas pessoas, está interessado em sua recuperação. Avalie melhor. Não se precipite...

– Já tomei minha decisão, René. Com o dinheiro que eu conseguir com o campo, comprarei uma casinha por aqui onde estou instalado e começo vida nova.

– Jacques, você não precisa se sacrificar para iniciar uma vida nova. Não é o local que nos instalamos que altera nossa disposição e, sim, o que pensamos, não acha?

– Já decidi e peço que você respeite minha liberdade em escolher o que me pareça melhor.

Apesar dos mentores espirituais de ambos continuarem a inspirar René com palavras de ânimo ao amigo, seu posicionamento era irredutível.

Por vezes, insistimos nos caminhos mais tortuosos e Deus, que é amor e sabedoria, respeita-nos as decisões, aguardando que possamos, por nossa vez, aprender da maneira que acharmos mais razoável. A justiça divina busca não interferir no livre-arbítrio de suas criaturas e seu auxílio amoroso surge a cada instante de nossa existência. Ou seja, quando despertamos de nossas ilusões, percebemos que o amor do Pai nunca deixou de nos sustentar.

René entendeu que o amigo estava não só decidido como também demonstrava mudanças radicais, expressas em sua maneira de olhar e falar. Em determinados instantes, tinha-se a impressão de que não era mais aquele antigo Jacques com quem conversava e, sim, outra pessoa. Como seu conhecimento sobre as questões espirituais não chegava a ponto de entender o que se passava, acreditou que a dor e o sofrimento do amigo eram enormes e insuperáveis.

Mal podia desconfiar que Jacques estivesse sendo alvo de uma obsessão que se aprofundava gradativamente, por suas próprias decisões em manter e deleitar-se com pensamentos de vingança e ódio.

Algumas palavras de René soavam como censura para Jacques, que se armava de argumentos cada vez mais irracionais e simplórios, visando sustentar-se na posição que assumira.

Percebendo que nada poderia fazer de concreto, René reconsiderou seus argumentos e ofereceu auxílio financeiro, antes de falar em compra do imóvel. A recusa de Jacques foi instantânea.

Não tendo outro caminho, ofereceu o pagamento do campo em prestações mensais e a quitação da dívida que Jacques fizera quando de sua viagem. A proposta tinha valores justos e pertinentes à região de sua propriedade. Era certo que outro no lugar de René poderia querer levar alguma vantagem em relação ao desespero de Jacques. O amigo sabia disso e ficaria em situação financeira apertada, mas buscaria fazer aquilo que acreditava ser o melhor e protegeria a propriedade em que Jacques lutara durante tanto tempo. Talvez, em breve, ele pudesse repensar e querer voltar. Estando tudo na administração de René, sempre poderiam rever o acordo em benefício do sofrido companheiro.

Jacques não deu muita atenção aos valores iniciais tampouco ao documento que firmaram. Um recibo provisório de compra e venda comprovou a honradez do amigo, que insistia para que ele revisasse os detalhes da transação. Estranhamente, ele parecia não se importar com nada daquilo. Em determinados instantes, mostrava-se totalmente alheio à realidade.

Despediram-se. Quando René estava de saída, prometeu:

— Meu amigo, fique com Deus. Vou me lembrar todos os dias de você em minhas preces.

– Está bem, está bem.

Foram somente estas palavras que Jacques disse, como se quisesse livrar-se logo de uma presença incômoda. Certamente, tinha um fundo de verdade, porque as vibrações dos mentores espirituais não eram compatíveis com as de suas companhias e tampouco com os pensamentos que eram mantidos por ele próprio.

8

PROVAS E INSUCESSOS

As ENTIDADES QUE envolviam Jacques não tinham desejos de vingança contra ele propriamente. Eram simples oportunistas e desconhecedores das verdades da vida, do respeito a si mesmos e ao semelhante.

Vagavam a esmo sem se interessarem por assuntos sérios. Completamente afastados do Evangelho, acreditavam falsamente ser este um repositório de fantasias, criado para dominar a mente de fracos e pusilânimes.

O infeliz pai, com suas estruturas psíquicas completamente abertas pela revolta que carregava em seu coração, era um verdadeiro repasto para a ignorância dos dois espíritos que, ao ganharem influência, divertiam-se com os pensamentos do obsidiado e se locupletavam com suas energias dispendidas pela falta de controle de seus sentimentos.

Conversando e rindo, traçavam planos aterradores, visando naturalmente envolver Jacques, que já denominavam como pupilo.

— Veja, Oliver, como, aos poucos, o nosso rapaz nos obedece às vontades. Tenho estimulado o vinho não somente nas refeições, como é de seu costume, mas com maior regularidade durante o dia e sou, na grande maioria das vezes, bem-sucedido.

— Tenho notado que você, Balantin, está se aprimorando na arte da influência. Aliás, temos bebido bem com ele, não? — respondeu o outro em tom bajulador.

— Você não acha que precisamos abrir um pouco os caminhos para ele? Procurarmos também a miserável que ele busca com tanta ansiedade?

— Oliver, não quero gastar meu tempo por enquanto com isso. Deixe-o fazer o trabalho pesado, enquanto gozamos a vida. Se encontrarmos a tal da cunhada, ele poderá resolver a situação rapidamente e querer voltar para a sua existência camponesa e medíocre, e nós perderemos umas boas garrafas de nosso tonel ambulante.

– E tem mais...

– O quê?...

– Já notou a vigilância que as duas casas possuem? Elas são impossíveis de ser acessadas.

– Isso é, Balantin, você tem razão. A vigilância é grande nos dois planos.

As entidades, em sua conversação vazia e sem propósitos superiores, senão os interesses imediatos, falavam sobre os espíritos desencarnados que se mantinham como verdadeiros cães de guarda, não permitindo que estranhos entrassem no grupo, que era unido e especializado na vampirização das vibrações desequilibrantes do álcool, do jogo e da sexualidade doentia.

Jacques nem sequer desconfiava como sua vida mudara de rumo em tão pouco tempo. Suas provas na resignação diante das dificuldades estavam sendo desprezadas. O milionário de outras existências – que havia feito dos recursos um mero canal de prazer, comprando pessoas e situações, depois de certa conscientização em relação aos seus equívocos – fora conduzido, pelo amor de seu mentor, à existência humilde, na qual os testes mais acentuados estavam voltados para a superação de perdas momentâneas no campo do sentimento, dado que ninguém desaparece.

No entanto, com a sua postura materialista e a falta de interesse em maiores esclarecimentos no terreno da verdadeira vida, que é a espiritual, deixara-se aos poucos abater-se de tal maneira, que a existência atual como um todo dava sinais de comprometimento. A cada dia, o uso mais acentuado do álcool facilitava não somente o processo obsessivo, como debilitava seriamente sua organização fisiológica.

Por ser o álcool um produto altamente calórico, mas sem nutrientes significativos, a alimentação de Jacques ficara comprometida, e sua fragilidade orgânica permitia maiores possibilidades de aumento da influência de seus obsessores.

Sua posição de vítima, criatura esquecida pelo Criador, era totalmente estimulada e justificava qualquer atitude infeliz. Tratava-se, na realidade, de uma tática das entidades, para minar sua relação com Deus e bloquear ao máximo possível as influências das boas entidades, que buscavam alertá-lo sobre os inconvenientes de seu procedimento.

Poucas brechas eram encontradas na atmosfera psíquica de Jacques, para que energias salutares, acompanhadas de pensamentos nobres, pudessem despertá-lo de seus sonhos enfermiços no terreno da vingança.

Ao sair do corpo físico, quando de seu sono, que, geralmente, era agitado, não entendendo o que se passava em tão importante período, tornava-se uma presa inocente nas mãos de Oliver e Balantin.

Não se encontrava abandonado ou perdido, mas, sim, distante de sua realidade espiritual, de Jesus e do Criador, por opção, sendo o livre-arbítrio respeitado pelo mentor.

9

O JARDINEIRO

COM O PASSAR do tempo, arrumara pequenos serviços de jardinagem nas proximidades da mansão e, aos poucos, o trabalho de Jacques foi sendo conhecido nas redondezas. Adentrar aquela casa se tornara uma obsessão.

Precisava, de uma maneira ou de outra, acessar o local e começar a procurar por Geneviève ou qualquer informação que o levasse até ela.

As carruagens que entravam e saíam da casa nos

horários de maior movimento eram fechadas e com as cortinas cerradas, evitando que os passageiros pudessem ser reconhecidos. Para os vizinhos mais próximos, vendia-se a condição de ser apenas uma espécie de encontro de amigos, como se fora um clube de jogos, onde os participantes tinham hora marcada, evitando, dessa forma, chamar a atenção de pessoas que poderiam se posicionar contrariamente. A fim de manter as aparências, o dinheiro para determinadas autoridades influentes era certo e com regularidade mensal.

A insistência de Jacques o levaria a conhecer o jardineiro que trabalhava na mansão suspeita. Aproximou-se com cautela de Yanick, fazendo-lhe uma oferta para que ficasse com as casas que já atendia.

Jacques dizia que não se adaptara à vida na cidade grande. Estava residindo em uma pousada, que consumia grande parte de seus recursos e gostaria de retornar para o campo, onde seria muito mais útil e feliz. Pretendia partir em um mês. Até lá, propôs que dividissem as tarefas e ele daria a metade do que ganhava com as casas que atendia.

Como o serviço de jardinagem era extenuante, exigindo enorme esforço físico, além de demorado pelos detalhes a serem atendidos, em dois realizariam o serviço em menor tempo e, assim, Yanick conheceria as propriedades que passariam para sua lista de clientes, podendo também dividirem o serviço na mansão.

Seus argumentos foram excelentes e Yanick, que não tinha nada a perder, aceitou a oferta. Para ele, dividir os pagamentos das casas atendidas por Jacques, durante um mês, soara de modo altamente rentável.

Foi assim que o camponês, louco pelo desejo de vingança, conseguiu entrar pela primeira vez no ambiente, que ele mentalmente e seus comparsas desencarnados apelidavam de a 'toca da serpente'.

Jacques procuraria conhecer a dona da mansão no menor prazo possível, porque seu trabalho contemplava apenas três visitas durante o mês, prazo utilizado pelos profissionais que cuidavam com regularidade dos jardins no verão, em virtude das chuvas frequentes favorecerem o crescimento das plantas mais rapidamente.

Logo na primeira visita, houve a grande decepção. Era dia de pagamento e quem se encarregava de fazê-lo faltara ao serviço. Desconfiada, a própria cortesã responsável pelo local foi entregar o valor para um de seus seguranças repassar para Yanick.

Não era Geneviève. Tratava-se de uma senhora de muito mais idade e aparência algo ferina, sem a suavidade falsa de sua cunhada. Tudo em vão, pensava Jacques. Até então, alimentara a certeza de encontrá-la dirigindo aquele ambiente infeliz... E,

agora, o que faria? Havia se desfeito de sua propriedade e gerado gastos desnecessários.

Seus dois amigos invisíveis não permitiram que
o abatimento ficasse sem resposta. Estimularam o
vinho para diminuir aquele estado, sendo imediatamente aceita a sugestão.

Ao final da tarde, Jacques encontrava-se completamente alcoolizado, andando sem eira nem beira
pelas ruas, onde acabou adormecendo entre algumas árvores de um parque público.

Pela manhã, despertou assustado e sentindo-
-se mal com os efeitos dos excessos cometidos. Ao
levantar-se, apoiou-se em um poste de iluminação.
Estava suado e imundo.

Algumas carruagens começavam a passar pela
rua, quando Jacques teve subitamente sua atenção
voltada para uma delas.

Era ela, Geneviève, que estava diante de seus
olhos. Como um raio que se abatera sobre sua cabeça, segurou-se para não ir diretamente ao solo.
Estava acompanhada de um cavalheiro, que parecia
ser muito mais velho. Não tinha dúvidas de que se
tratava da infeliz que desgraçara a sua vida.

Correu atrás do veículo, todavia não conseguiu
alcançá-lo. A debilidade em que se encontrava ani-
quilou suas parcas forças logo nas primeiras e rápidas passadas.

No entanto, as esperanças em encontrá-la estavam renovadas. Como um falcão que segue sua presa, foi cambaleante na direção que a carruagem tomara. Quem sabe esta não se desviasse muito no trajeto. Isto seria um golpe de sorte, mas valia a pena tentar.

Suando em bicas, com uma sede que o torturava, viu que possuía alguns trocados para um naco de pão e água. Parou em uma pequena tenda, comprou e foi mastigando pelo caminho.

A busca em minutos tornara-se infrutífera. Porém, em seus pensamentos obsidiados, poderia agora procurar naquelas redondezas. Acreditando que trocava ideias consigo mesmo e não com as entidades obsessoras, mantinha a certeza de que haveria de encontrá-la, nem que fosse a última coisa que fizesse em sua vida miserável.

10

A TOCA DA SERPENTE

As FORÇAS DE Jacques estavam se exaurindo com a situação toda. Além do desgaste em si, aliava-se o processo obsessivo que aumentava gradativamente, nas sugestões inferiores e na condução de seus pensamentos.

Andando a esmo em uma das ruas do bairro onde se encontrava, pôde ver uma praça totalmente florida e arborizada. Foi até lá e sentou-se num banco debaixo de aconchegante árvore e, novamente, seus pensamentos se voltaram para a toca da serpente.

Fora totalmente infantil em sua análise. Geneviève poderia não ser a dona, mas uma das frequentadoras da mansão. Por que não pensara nisto?

Bem, da maneira como as coisas estavam indo, talvez o melhor fosse alugar uma casa pequena na região da pousada, economizar o dinheiro das prestações que recebia de René pela venda de seu campo e meditar sobre os próximos passos.

A procura pela cunhada da maneira que estava sendo realizada não havia trazido fruto algum, e as despesas acabariam rapidamente com o valor recebido mensalmente.

Uma coisa era certa: ela estava viva e em Paris. Ele precisava de uma estratégia melhor.

Duas cabeças pensam melhor do que uma, diz o ditado, mas o que Jacques nem sequer poderia supor era estar sendo assessorado por mais duas, interessadas no desfecho, que seria cruel, com certeza. Quanto mais aumentava sua frustração, mais alimentava o ódio. Em determinados instantes, ele acreditava falsamente estar falando consigo mesmo, mas, na realidade, ouvia as respostas para as suas indagações de Balantin e Oliver.

Dizia, como a conversar mentalmente: – Vou me vingar, ela pagará por tudo. Irá se arrepender do dia em que nasceu, aquela serpente venenosa e maldita...

De repente, a ideia brilhante. Contrataria os

serviços de carruagem de Joseph e ficariam estacionados próximos do parque público por onde Geneviève havia passado, logo que os primeiros raios de sol brilharam. Caso isso acontecesse novamente, poderia seguir o veículo e, dessa maneira, descobrir o endereço onde aquela víbora se escondia.

Retornou para a pousada e retirou do interior do colchão, que improvisara como cofre, certa quantia de dinheiro. No fim do dia, foi até a residência do cocheiro. Encontrou-o chegando do trabalho e resolveu fazer uma proposta agressiva. Contrataria seus serviços por uma semana, a partir das cinco da manhã, por três horas, pagando adiantado, mediante um desconto que Joseph poderia pensar.

Para o cocheiro, os valores eram interessantes e chegaram rapidamente a um acordo. Ele levaria Jacques para a sua tocaia.

No dia seguinte, iniciaram a vigilância conforme o combinado. No entanto, apesar de a carruagem de Jacques ficar estrategicamente estacionada, não era possível identificar muitos dos passageiros dos veículos que, por vezes, passavam rapidamente pelo local. Inteligentemente, o camponês providenciou uma pequena escada e colocou perto de um poste de iluminação. Para qualquer curioso ele poderia estar prestando serviço de manutenção. Dificilmente seria abordado àquela hora da manhã, porque a maioria das pessoas estava se locomovendo para os respectivos trabalhos.

Os dias foram passando, e o desânimo começou novamente a rondar o pobre infeliz. Joseph, paciencioso, disse que talvez tivesse ocorrido uma coincidência, nada mais. Poderia inclusive não ser a dama que Jacques procurava.

No sexto dia, quando os dois homens estavam se preparando para deixar o local, passou rente ao veículo de Joseph uma carruagem elegante, com um jovem bem vestido, tendo a companhia de Geneviève.

Jacques imediatamente a reconheceu e, esbaforido, deu ordem para que Joseph seguisse o veículo.

Foram discretos o suficiente até chegarem a um bairro de poder aquisitivo razoável, onde Geneviève desembarcou. O coração de Jacques disparara. Pensou em desembarcar imediatamente e abordá-la, porém, foi contido por Joseph, que o alertou sobre o segurança que aparecera de repente, abrindo o portão da residência.

O camponês furioso, envolto nas próprias vibrações de rancor, contando ainda com as energias desequilibradas direcionadas pela dupla de obsessores, despediu Joseph e buscou imediatamente analisar a casa da melhor maneira possível.

Os muros eram altos, contudo, quando chegou à parte de trás, notou que uma grande árvore dava acesso para o interior do quintal da residência, em virtude de seus longos galhos ultrapassarem o muro.

Com a destreza de um felino, subiu rapidamente e pôde ter uma visão mais adequada do ambiente. Era uma bela casa, com jardins que a cercavam por inteiro. No fundo, havia pequena edícula lateral, provavelmente para a utilização do vigia.

Naquele exato instante, dois cães enormes rondavam o quintal e logo perceberam a presença do estranho. Imediatamente começaram a ladrar. Jacques não teve dúvida e desceu célere, a ponto de registrar o vigia ordenando que os cães fizessem silêncio.

Imediatamente, o pobre camponês começou a fazer conjecturas:

– Como vencer esta etapa? Não bastava o vigia, agora mais essa dificuldade? Bem, teria que agir inteligentemente. Se a dona da casa tinha o hábito de passar a noite fora, talvez, em determinado momento, o segurança tirasse um cochilo. Se fossem dois guardas, provavelmente, trabalhariam em turnos ou, se houvesse apenas um homem, a entrada na casa poderia ser um tanto mais facilitada.

Arquitetou seu plano. Aguardaria que a cunhada saísse aquela noite para pôr em prática sua invasão.

Foi procurar um mercado para comprar algum alimento. Aproveitou para adquirir uma faca e um naco de carne.

As entidades que o acompanhavam dividiam seus

pensamentos, que se tornavam cada vez mais sórdi-dos. Jacques transpirava o desejo de vingança.

Ficou vagando pelas ruas até o anoitecer. Por volta das vinte e uma horas, foi até os fundos da casa e subiu na árvore, porém, desta vez mais preparado. Pegou a carne e a picou em pedaços. Tão logo os dois animais o identificaram, deram o alarme, e Jacques imediatamente lançou uns nacos do produto na direção deles.

Os petiscos distraíram os dois cães que estavam famélicos. Mais uns pedaços e Jacques teve tempo suficiente para pular o muro, tomando o cuidado de jogar os últimos nacos na direção dos bichos que, àquela altura, abanavam o rabo de satisfação.

Esgueirou-se pelo jardim e não encontrou o guarda. A edícula estava escura, denunciando que ninguém ali se encontrava. Dirigiu-se até a porta dos fundos e forçou a maçaneta. A fechadura era frágil e não ofereceu maiores dificuldades. Num instante, estava dentro da casa. Mal podia acreditar que entrara na toca da serpente.

Com cuidado para não esbarrar em coisa alguma e comprometer sua entrada furtiva, percebeu que a única claridade era a luz da lua que penetrava por uma ou outra janela. Geneviève já havia saído e o vigia parecia dar as suas escapadelas, deixando o local apenas guarnecido pelos cães famintos.

Agora restava apenas aguardar que a cobra voltasse para o seu refúgio. Tudo era uma questão de tempo.

Onde podia ver alguma claridade, foi pé ante pé checar os ambientes. Tudo parecia extremamente rico para aquele simples camponês.

Em suas elucubrações, fazia ideia agora como a sua pobre Eliette deveria ter sido encantada, como um pássaro indefeso diante do olhar hipnótico da serpente.

Alcançou a cozinha e encontrou pão e vinho. Apanhou o que pôde e se enfiou em um quarto, deixando a porta entreaberta e a janela sem o trinco, caso precisasse fugir em alguma emergência.

Sentou-se em uma poltrona e fez a sua refeição.

11

AÇÃO NEFASTA

Após CONSUMIR UMA garrafa de vinho, dividindo com seus dois parceiros desencarnados, por meio dos fluidos que eram vampirizados pela dupla obsessora, Jacques caiu em um pesado sono.

Ao sair do corpo físico, reuniu-se imediatamente com Balantin e Oliver que podiam, dessa forma, conversar diretamente com o seu pupilo.

– Como está indo o nosso querido Jacques? Sente-se bem? Preparado para a ação? – perguntou Balantin, com ares de grande amigo.

– Estou. No momento em que eu puser as mãos naquela infeliz, farei que pague cada lágrima que me fez derramar. Não terei clemência...

– É assim que se fala, meu caro. Você está certíssimo. Ela destruiu tudo o que era de mais precioso em sua vida. O que lhe resta agora? Até a sua propriedade precisou ser vendida. Tudo por quê? Uma miserável que entra debaixo de seu teto, se fazendo de santa e trai os maiores laços de confiança. E, ainda por cima, é uma parenta!

– O que uma criatura dessas merece é a morte. Rápida não, lenta...

Balantin, mais experiente na arte de convencer, trabalhava sua presa, estimulando a retaliação como a única maneira de solucionar aquele drama.

Como não lhe interessava outra coisa, senão os objetivos imediatos de poder se locupletar com as energias de ambos os encarnados, que estariam em conflito em poucas horas, tinha que manter o infeliz camponês convenientemente encorajado.

Por volta das cinco horas da manhã, Jacques despertou assustado com o latir dos cães. Era o vigia que retornava, dando ordens para que cessassem com o barulho. Pelo tom de voz, parecia estar completamente alcoolizado. Nada poderia ser melhor, pensou. Muito provavelmente o sujeito iria desmaiar em sua cama.

Ouviu o bater da porta da edícula com estrondo. Claramente, o homem deveria ficar fora de circulação por horas.

Não demorou muito e foi possível detectar o som de uma carruagem estacionando em frente à casa. Em instantes, o barulho da fechadura da porta se fez. A voz feminina, com certo grau de rouquidão, típico de quem abusara de bebidas e de tabaco, foi reconhecida por Jacques. Era Geneviève, que entrara reclamando em voz alta:

– Aquele imprestável do Edmond deve estar dormindo outra vez. Bêbado inveterado e infeliz. Não sei por que não o coloco na rua, imbecil...

Pelo som dos saltos no assoalho, Jacques pôde perceber a movimentação de Geneviève, até que, depois de alguns minutos, o silêncio imperou. Ela provavelmente já estaria adormecida.

Ele saiu de seu refúgio e foi com cuidado até o quarto principal da casa. A claridade era um pouco maior, porque o dia amanhecia. Quando chegou à porta, esta se encontrava entreaberta e Geneviève dormia profundamente, produzindo um som ruidoso com sua respiração.

Jacques, como um felino, recebendo como auxílio uma carga de estímulos da dupla obsessiva, saltou sobre a cunhada, tapando-lhe a boca com uma das mãos, enquanto que com a outra segurava firmemente a faca apertando-lhe a jugular.

Geneviève abriu os olhos apavorados, ao mesmo tempo em que tentava se desvencilhar do peso que aquele indivíduo exercia sobre seu corpo.

Imaginou que um ladrão tivera entrado em sua casa, que se encontrava sem vigilância. O quarto com cortinas escuras, sem nenhuma vela acesa, não permitia que ela reconhecesse quem poderia ser, até ouvir a voz do cunhado que a fez estremecer de pavor.

— Escute, maldita. O que foi feito de minha Eliette? Vou tirar a mão de sua boca. Caso grite, será a última coisa que você fará nessa sua vida de meretriz.

— Não me mate, eu lhe imploro. Ela foi atropelada por uma carruagem quando ia fazer compras.

— Mentirosa. Você matou minha filha e sua irmã. Eu a procurei por todos os lados nesta cidade, inclusive no endereço que você me forneceu...

— Não matei ninguém, eu juro. Não sei nada de minha irmã. Eu trabalho naquela casa. Estou voltando do serviço.

— Voltando do serviço cheirando a álcool e tabaco, sua vadia? O que foi feito de minha filha? Onde a sepultaram? Não existe registro algum do falecimento dela. Fale, senão corto a sua garganta.

— Já disse, foi atropelamento...

— Insiste em continuar mentindo? Como eu jamais saberei da verdade por você, viverei o resto de minha vida na dúvida, mas com a certeza de acabar com a sua vida miserável e infeliz. Morra, demônio dos infernos. Volte para os seus...

Jacques aplicou o golpe derradeiro com sua faca na garganta de Geneviève, que desencarnou supliciada pelo sufocamento que a lâmina produziu, não emitindo nenhum ruído.

As entidades desequilibradas deliciavam-se com o fluido vital que vampirizavam da recém-desencarnada, naquele ambiente de horror, enquanto Jacques saía sorrateiro do local.

Decidiu pular o muro nos fundos da residência, porque o movimento na rua já se iniciava. Os cães não lhe deram nenhum problema e permaneceram deitados em silêncio. Provavelmente a casa deveria ter visitas regulares para os animais estarem mansos daquela maneira. Não eram apenas os nacos de carne da noite anterior que teriam produzido aquela tranquilidade toda.

Alcançando a parte de cima do muro, desceu rapidamente pela árvore e desapareceu pelas ruas mais ermas.

Seus pensamentos eram um misto de ódio e doce satisfação, por ter eliminado aquela criatura inútil.

Mal sabia o sofrido Jacques que seus problemas acabavam de ganhar maior significado.

12

O ACIDENTE

NÃO DEMOROU MUITO tempo para Jacques começar a sentir, com a presença perniciosa da dupla de
obsessores, vibrações muito mais desequilibradas e
inconscientes de uma terceira entidade. Tratava-se
de Geneviève que, após o desencarne, sendo vam-
pirizada pelos obsessores, uniu-se magneticamente
a eles e, por consequência, as emanações de ódio de
seu cunhado tornaram-se os grilhões que a imanta-
vam a ele.

A dor dela era imensa, porque continuava a sentir a lâmina no pescoço e o sufocamento provocado pelo ato violento. Não tinha certeza de coisa alguma, nem sabia estar desencarnada. Somente a dor e o desespero faziam parte de suas horas. Literalmente colada ao perispírito de Jacques, sem o saber, sentia as vibrações de ódio do cunhado, o que aumentava seu padecimento.

Com o passar dos dias, Jacques passou a desenvolver uma rouquidão estranha, causada por dores e irritação na garganta. Acreditou ser o vinho de péssima qualidade que seu dinheiro podia comprar.

Começou a pensar em reduzir o consumo, mas a atuação dos obsessores no sentido de partilhar os fluidos alcoólicos era poderosa diante da fragilidade de sua decisão. A perturbação que lhe causava a simples presença de Geneviève agravava-lhe a necessidade de querer fugir de si mesmo, por meio da dependência química.

Seus sonhos eram povoados por pesadelos, nos quais via a cunhada com regularidade, implorando por misericórdia e ele sendo um carrasco cruel, enquanto outras pessoas assistiam à cena e gargalhavam estridentemente. Esses episódios proporcionavam-lhe, quando no estado de vigília, um receio de estar sendo perseguido e descobrirem seu crime a qualquer instante.

Não tinha mais paz. Para minimizar seus pensamentos desagradáveis, pensou em arrumar trabalho o mais rápido possível e ocupar o tempo com algo útil.

Como fora desde criança um serviçal do campo, a ausência de ocupação dava margem a esses pensamentos, acreditava.

Por não possuir conhecimento a respeito da continuidade natural da vida, porque suas referências estavam calcadas na interpretação de uma única existência conforme pregava sua religião, nem sequer suspeitava que vivesse um processo obsessivo que se aprofundava gradativamente.

Orava de vez em quando, porém, era uma mera repetição de palavras, sem a atitude verdadeiramente humilde daquele que busca conforto, paz e orientação. Seus amigos espirituais procuravam influenciá-lo, mas Jacques estava por demais envolvido nas vibrações de mágoa e rancor para dar brechas às energias salutares de origem superior.

Resolveu procurar uma casinha para alugar. Naturalmente, dentro daquilo que o dinheiro que recebia mensalmente da venda de seu campo pudesse pagar e providenciar ainda a alimentação do mês, pelo menos em parte.

Alcançou seu objetivo alugando mais um casebre do que uma casa em si. Pelo menos o custo era menor do que a pousada, que lhe consumia praticamente todo o valor disponível que René enviava por intermédio de um portador. No entanto, ele sabia da necessidade urgente de trabalhar para não aumentar seus problemas.

Foram esses pensamentos que possibilitaram, em algumas oportunidades, que seus mentores afastassem provisoriamente Balantin e Oliver, pelo menos, para que Jacques raciocinasse melhor. Mas os amigos espirituais sabiam que a manutenção obsessiva se dava pela condição mental que Jacques insistia em manter.

Decidido, voltou a procurar emprego como jardineiro, porém, a colocação não era tão fácil. Ficou receoso de voltar para o bairro onde atuava Yanick. Poderia ser descoberto e apontado pelo seu gesto extremo.

Mantendo a culpa viva na consciência, via nas pessoas a possibilidade de lerem seus pensamentos e, quando olhavam para ele, tinha a impressão de que faziam acusações diretas.

Os dias foram passando e nenhuma oportunidade de serviço surgia. Recebia um 'talvez' ou um 'volte daqui a um tempo'. O desespero passou a fazer parte de suas horas e, em certo dia, atravessando uma das ruas de Paris, sem que tomasse a devida atenção ao movimento, bateu com o rosto na lateral de uma carruagem que passava.

A pancada foi razoável, levando Jacques, desacordado, ao chão. Quando voltou a si, estava em um local completamente estranho, sem as roupas e deitado em uma cama aconchegante e limpa.

Tentou olhar ao seu redor, todavia não era capaz de mover a cabeça. Fez um esforço para levantar-se e sentiu muita dor, principalmente no lado esquerdo do rosto.

Levou as mãos e notou que estava com várias faixas, envolvendo não só parte do rosto, mas também todo o crânio. Buscou se desvencilhar das ataduras, quando ouviu uma voz masculina, dizendo:

— Calma, meu rapaz! Mantenha-se sereno que lhe explicaremos o que está ocorrendo.

As pessoas se aproximaram e Jacques pôde ver um distinto cavalheiro, extremamente bem vestido, com roupas e anel de um nobre e, ao seu lado, um homem com roupas de uso em hospital, provavelmente um médico ou enfermeiro.

— Você, meu rapaz, sente-se com disposição para falar? Caso seja possível, como se chama? — perguntou o distinto cavalheiro.

Inicialmente, um tanto hesitante, o camponês respondeu:

— Jacques, senhor.

— Muito bem, meu caro Jacques. Sou o marquês R., e ao meu lado está o doutor Taner.

— O que aconteceu, senhor?

— Nada muito grave, graças a Deus. Você atravessava distraidamente a rua, segundo as informações de alguns transeuntes, e colidiu na porta de minha carruagem. Felizmente, a velocidade empregada pelo meu cocheiro era reduzida naquele instante, o que evitou maiores e desagradáveis consequências.

— Sim, senhor Jacques. As bandagens são precauções e ajudam para uma rápida recuperação – esclareceu o doutor Taner.

— Meu rapaz, onde você reside para que possamos avisar sua família? – perguntou o marquês R.

— Não tenho família, senhor. Minha esposa e filha morreram recentemente. Elas eram a minha família...

A emoção tomou conta de Jacques, que naquele instante encheu seus olhos de lágrimas.

O marquês e o médico se entreolharam e, em seguida, o primeiro retornou ao diálogo.

— Talvez, então, possamos avisar as pessoas do seu trabalho?

— Também não tenho trabalho. Estou procurando emprego. Sou um camponês. Vendi meu campo e vim a Paris. Moro nos arredores da cidade e busco o serviço de jardineiro.

— Muito bem, então. Por agora descanse e não se preocupe com mais nada. O que nos importa é a sua recuperação – disse o doutor Taner.

Os dois cavalheiros saíram do quarto onde Jacques encontrava-se hospedado e comentaram:

— Interessante o caso desse rapaz, não, doutor?

– Pareceu-me também, senhor marquês. Tem-
-se a impressão de ser um bom sujeito, apesar de
sua desorientação.

– É verdade. Por favor, dê-me o nome completo
dele, para que eu solicite uma análise a respeito de
sua situação, está bem, doutor? Quem sabe possamos fazer algo por ele, auxiliando a encontrar uma
colocação digna? Em relação às despesas, por favor,
atenda-o no que lhe aprouver, porque me responsa-
bilizarei por todas elas.

– Muito bem, senhor marquês. Será feito como o
senhor deseja.

13

Na hora certa

A INTERNAÇÃO DE Jacques durou um pouco mais que o necessário, em virtude de sua fraqueza orgânica.

O médico, em conversa com o marquês, orientou-o a não liberá-lo de imediato, no que foi autorizado pelo nobre senhor.

O doente sentia-se muito melhor, não só pelo tratamento dispensado, mas também pela alimentação adequada, que lhe repunha as energias rapidamente.

Certa tarde, o marquês R. veio visitá-lo. Sempre muito educado e cordial, perguntou-lhe:

— Como se sente, meu caro Jacques? Mais disposto? Pronto para deixar o hospital?

— Sim, senhor. Agradeço muito por tudo o que o senhor está fazendo por mim.

— Ora, ora, faço de coração, meu jovem. Aproveitando a oportunidade, gostaria de oferecer-lhe um trabalho em sua área. Estamos necessitando de mais um jardineiro em minha propriedade e, caso você tenha interesse na proposta, a vaga será sua. A moradia e alimentação estão inclusas, além do salário, é claro. O que me diz?

— Fico imensamente grato, senhor marquês! Mas o senhor mal me conhece...

— Recebi algumas informações a seu respeito e receio que não tenha boas notícias, infelizmente.

Jacques sentiu um frio correr na espinha. O que aquele homem poderia ter descoberto? – pensou.

— Já estou acostumado com elas, senhor.

— Bem, após conversarmos, confesso que me interessei por você e por sua aflitiva situação. Buscando algumas informações, contratei uma equipe especializada, o que sempre faço, aliás, quando necessito de um novo serviçal. Visando oferecer-lhe a presente ocupação, encontramos alguns dados a respeito de sua cunhada.

Jacques procurava não demonstrar pânico diante do que ouvia.

– Não diga, senhor marquês? Estive em busca destas mesmas informações em órgãos competentes, sem alcançar nenhum resultado...

– Tenho lá os meus contatos e solicitei maior empenho, no que fui atendido.

– Mas o senhor pode me dizer que notícia desagradável é essa?

– Infelizmente, sua cunhada também retornou para a Pátria Espiritual, de forma pouco usual, sendo vítima de um possível latrocínio. Estão interrogando o principal suspeito.

– Suspeito? Já encontraram o responsável?

– Não necessariamente. Mas trata-se do vigia da residência, que, segundo informações, andava costumeiramente alcoolizado e, algumas vezes, vizinhos presenciaram certas discussões dele com a dona da casa.

– Não diga?

– Bem. É assunto delicado e não busquei outras informações. Caso você tenha interesse, poderei colocá-lo em contato com as autoridades responsáveis.

– Neste momento, acredito que não acrescentará mais nada em minha vida, senhor marquês, a não ser sofrimento e dor.

O camponês respirou aliviado, porque estava isento de qualquer risco. Realmente seu desempenho fora notável no processo todo.

Não só saíra ileso da situação, como arranjara um

emprego que poderia colocá-lo em uma condição relativamente confortável, depois de tanta dificuldade... Geneviève era assunto resolvido – pensava.

Recebendo alta do hospital, uma carruagem do marquês o aguardava, para conduzi-lo à moradia do novo patrão. Tratava-se de uma mansão imponente, em bairro de classe alta de Paris, onde nobres e milionários residiam.

Jacques foi recebido pelo administrador da mansão, que o conduziu até as dependências dos funcionários, alojando-o em edícula muito bem arranjada. No fim do dia, teve o cuidado de apresentá-lo a todos os serviçais, que demonstravam estar muito felizes pelo trabalho e tratamento recebido.

Em virtude dos imensos jardins, o trabalho seria dividido com outro profissional, para que pudessem dar conta de todas as tarefas. A senhora marquesa gostava de passear pelos jardins e encontrá-los impecáveis. Para o serviço, Jacques chegara na hora certa.

14

UMA GRANDE FAMÍLIA

AS PRIMEIRAS SEMANAS foram de pura satisfação no trabalho. Jacques sentia-se útil novamente e suas vibrações dentro deste patamar conseguiam afastar as influências perniciosas de Balantin e Oliver. Geneviève, que se encontrava inconsciente, ocasionava um dano menos acentuado à estrutura perispiritual do cunhado. No entanto, estava ali, imantada e, gradativamente, suas vibrações de desespero e terror terminariam influenciando-o. Tudo era uma questão de tempo.

Tão logo Jacques começou a se habituar à rotina, a culpa voltou a tomar maior espaço em seus pensamentos. Já não conseguia controlar-se de maneira conveniente. As duas astutas entidades estavam novamente se assenhoreando da situação. Utilizavam agora Geneviève que, em sua ignorância, passou a ser a ligação entre eles.

Em uma tarde de muito calor, Jacques cuidava dos canteiros de rosas preferidas da senhora marquesa e, de repente, sentiu sua cabeça rodopiar. Sem controlar os movimentos, foi ao chão em convulsões violentas, chamando a atenção de um funcionário que passava pelo local, que correu espavorido a buscar socorro.

Logo outros vieram na companhia do administrador e conduziram o infeliz convulso para seus aposentos.

Aos poucos, Jacques foi se acalmando e voltando à normalidade. O problema e o desconforto foram logo atribuídos às altas temperaturas e à falta de água. O jardineiro havia ingerido pouco líquido durante as suas tarefas. Isso era o que todos acreditavam equivocadamente. O que de fato ocorria era o processo obsessivo acentuando-se a ponto de iniciar a subjugação.

Jacques tinha a nítida impressão de que não poderia se tratar das questões mencionadas. Sempre trabalhara de sol a sol, sem qualquer inconveniente. Contudo, não tinha informações para administrar o problema. A necessidade do álcool voltou a ganhar força. Sua luta contra a bebida era cada dia mais atroz.

Tinha em mente as recomendações do administrador de que os proprietários não aceitavam, de maneira alguma, o uso de bebidas alcoólicas em sua residência. Apesar do vinho ser tratado como parte da alimentação entre muitos de seus patrícios, suas convicções eram totalmente contrárias. Respeitavam a opinião alheia, mas não pactuavam delas.

Alguns funcionários, de vez em quando, tomavam alguns tragos escondidos, querendo, dessa maneira, contrariar o administrador, que era um bom homem e justo. Jacques, no entanto, havia se tornado um dependente químico. A bebida voltara a fazer parte regular de seus dias. A garrafa sempre escondida entre as ferramentas era esvaziada regularmente. Por vezes, o cantil também era utilizado para ocultar o líquido, que lentamente diminuía seus anos de vida no corpo físico.

Era muito raro encontrar o marquês ao lado da esposa em seus passeios matinais pelos jardins. Homem ocupadíssimo com os negócios, saía cedo de casa para inspecionar propriedades ou atender a compromissos.

O outono havia chegado e as temperaturas estavam mais amenas, favorecendo os passeios matinais, levando-se em conta o tipo de vestimenta extremamente pesada, que era ditada pela moda da época, de extremo conservadorismo, apesar de os parisienses serem considerados mais ousados. Coisas da capital, comentava-se sempre nas cidades circunvizinhas.

Em uma das manhãs de sábado, o marquês decidiu acompanhar a esposa e inspecionar com ela os jardins da mansão.

Jacques estava com os serviços atrasados e necessitava trabalhar também aos sábados. O corpo enfraquecido pelo álcool limitava-lhe a produtividade. Os obsessores não lhe davam trégua e o uso contínuo da bebida oferecia excelente oportunidade na manipulação de pensamentos e na vontade do obsidiado.

Não entendiam bem as técnicas a serem utilizadas nos centros de força coronário e frontal do jardineiro. Todavia, alcançavam resultados satisfatórios com o exercício de seus desejos. Balantin, possuidor de um magnetismo mais acentuado quando comparado ao de seu amigo de desdita, percebia que, ao envolver Jacques em uma espécie de abraço, ordenando incisivamente, os resultados eram alcançados.

O magnetismo utilizado, mesmo sem o conhecimento técnico específico daquele que o possui em maior quantidade, encontrando espaço em uma consciência culpada, pode exercer ações nefastas quando manipulado por mentes ignorantes ou diabólicas.

O contrário também é verdadeiro, considerando-se que a energia utilizada é a mesma, variando somente em quantidade e direcionamento.

O jardineiro trabalhava distraído quando Balantin – em um acesso de ansiedade descontrolada, por não ter feito até aquele momento uso dos fluidos alcoólicos, que eram sistematicamente vampirizados de Jacques – aproximou-se de maneira violenta, buscando o quinhão da manhã.

O pobre rapaz, que até aquele instante não fizera uso do produto, porque não se sentia bem, em virtude da ressaca do dia anterior, não só pela quantidade ingerida, como também pela péssima qualidade das bebidas que eram adquiridas, ao sentir a aproximação do obsessor, perdeu totalmente o controle e entrou em forte convulsão, exatamente quando o marquês e sua senhora se aproximavam.

O nobre senhor, vendo a cena, correu em socorro, pedindo à esposa que alertasse o administrador.

Aproximando-se, buscou acalmar Jacques com palavras de paz e invocando a assistência magnânima do Cristo.

O jardineiro debatia-se, espumando pela boca e dizendo impropérios, com a voz totalmente alterada. O marquês impôs-lhe as mãos no alto da cabeça do convulso e a calma foi retornando gradativamente.

Com a chegada do administrador e dos outros funcionários, Jacques foi conduzido para seus aposentos. Pelas observações discretas do marquês, este percebeu que as providências levadas a efeito pareciam ser rotineiras.

Logo após a situação voltar ao controle e o rapaz estar acomodado devidamente, o dono da casa solicitou uma reunião com o seu administrador, em gabinete reservado.

O responsável pelos serviços entrou humildemente no rico aposento e foi convidado a sentar-se em uma confortável poltrona à frente da escrivaninha do marquês, que iniciou questionando-o educadamente, como era de seu feitio.

– Diga-me, senhor Zachary, o que anda acontecendo com o nosso caro Jacques?

– Patrão, o senhor me perdoe não ter trazido o problema antes, pois estou dando todas as oportunidades possíveis para o recém-contratado.

– Muito bem. O senhor sabe que eu aprecio a sua administração. No entanto, parece-me que o rapaz está vivendo um problema de maior monta.

– É fato, senhor marquês. O nosso segundo jardineiro em ofício utiliza do vinho com bastante regularidade. No entanto, acreditei que poderia influenciá-lo para o bom caminho antes de qualquer atitude mais drástica.

– Fez bem. Entretanto, pelas observações que fiz, Jacques precisará de uma assistência mais intensiva e eu gostaria de falar com ele, assim que estiver mais disposto e recuperado, está bem?

– Sim, senhor marquês. Obrigado pela sua compreensão.

– Fique em paz, meu amigo, e obrigado pelas informações.

Não se passaram mais de duas horas, para o administrador retornar acompanhado de Jacques. Ambos foram convidados a entrar no gabinete do marquês.

Jacques estava apavorado, porque imaginava o tipo de conversa que teria pela frente. No mínimo, a demissão seria certa.

O marquês pediu que chamassem a esposa, antes de iniciar o diálogo. Assim que a nobre dama entrou e teve a porta do ambiente fechada por uma assistente prestativa, o esposo convidou-a a sentar-se e iniciou, dizendo:

– Meu caro Jacques, tenho acompanhado seu trabalho que considero de muito bom nível. Entretanto, não tive a oportunidade de avaliar suficientemente sua situação psíquica. Gostaria que você, se me permite tratá-lo assim, não mantivesse nenhuma preocupação em relação ao seu emprego. Não estamos em uma reunião para tratarmos desse assunto especificamente, mas, sim, de sua saúde geral, que noto estar muito sensibilizada no momento. Providenciarei a assistência de um médico e também de um grupo de amigos, que trabalha questões psíquicas semanalmente, para que possamos unificar tratamentos e alcancemos melhores resultados.

— Senhor marquês, eu...

— Nada tema, meu caro rapaz. Nossas determinações relativas ao uso do álcool não são envoltas em crueldade. Entendemos as dificuldades e procuramos agir com dignidade cristã. Contudo, preciso saber se, de sua parte, existe a real disposição em aceitar o que estaremos lhe oferecendo.

— Sim, senhor. Eu imploro sua ajuda, senhor marquês.

— Não é necessário implorar coisa alguma, meu filho. Somos, no fim das contas, uma grande família, cujo Senhor da Vida, que é o nosso Deus, nos une pelos laços do verdadeiro amor.

— Volte aos seus aposentos e descanse. Pedirei ao médico que o visite ainda hoje. Posso fazer-lhe uma sugestão apenas?

— Claro que pode, senhor.

— Ore, Jacques, peça ajuda para Jesus e ao nosso Pai, para que sejamos todos amparados. Vá em paz!

15

Assistência desobsessiva

O MÉDICO CHEGOU rápido e foi diretamente realizar os procedimentos básicos de consulta com Jacques.

Ao término, depois de quase duas horas, procurou o marquês para assunto reservado.

Foi recebido com alegria pelo anfitrião, que o instalou em uma das confortáveis salas da mansão. Sentados proximamente, o especialista iniciou seu relatório:

– Senhor marquês, como somos também amigos

de doutrina, podemos falar abertamente, pois não?

– Evidentemente, doutor.

– Notei que o nosso paciente sofre de uma severa obsessão, cujos resultados estão se tornando extremamente danosos. Para que as manifestações convulsivas tomem maiores proporções e venham a danificar o cérebro físico do rapaz, é uma questão de pouco tempo. Recomendei-lhe calmantes neste período, visando aplacar as ações das entidades que o acompanham. Porém, um trabalho de desobsessão se faz urgentíssimo.

– Perfeitamente. Hoje pela manhã, utilizei da magnetização para tirar-lhe do transe. Depois de sua recuperação, propus-lhe assistência médica e espiritual, e o pobre rapaz está totalmente aberto para recebê-las. Vejo nele uma excelente criatura; no entanto, totalmente desnorteada.

– É fato, senhor marquês. Que tal levá-lo até minha casa, para a reunião no domingo à noite?

– Acredito ser uma excelente ideia. Quanto às convulsões...

– Por uns dois dias, se acontecerem, serão de pequena intensidade, porque a medicação que apliquei deverá fazer efeito em questão de horas. Assim, amanhã, ele estará mais tranquilo e sem grandes riscos.

– Então, está bem, doutor. Nós nos veremos amanhã às dezoito horas em ponto.

– Até lá, senhor marquês. Deus nos abençoe!

Jacques praticamente ficou de cama o sábado e o domingo todo, levantando-se apenas para alimentar-se no refeitório dos funcionários e banhar-se. Sentia uma indisposição enorme, como se um raio houvesse abatido suas forças. Na realidade, a medicação objetivava a redução da influência perniciosa da dupla, por meio de certa anestesia às suas funções cognitivas.

Por volta das dezessete horas do domingo, o administrador conduziu Jacques até a carruagem do patrão. O marquês, sabendo da medicação que fora utilizada no jardineiro, solicitou que este fosse dentro da carruagem e não com o cocheiro, conforme insistência do rapaz. Era perigoso, porque o sacolejar do veículo poderia comprometer a segurança de Jacques, que se apresentava abatido.

Chegaram à casa do médico, sendo todos recebidos pelos anfitriões polidamente e convidados à espaçosa edícula da residência, local reservado às reuniões dominicais.

Foi solicitado que Jacques tomasse assento para receber uma sessão de passes e, após, foram dados alguns esclarecimentos pelo próprio marquês.

– Jacques, meu filho. Aqui não temos cargos ou posições de mando. Somos espíritas e seguimos as orientações das recentes obras codificadas pelo senhor Allan Kardec. Nada tema, porque o ponto central de nossa doutrina é Deus, nosso Pai, e Jesus, nosso Mestre. Peço que, durante a reunião, você procure orar muito, pedindo a assistência dos bons espíritos e de Jesus. Estaremos em sala separada, tratando especificamente de seu caso. Não se esqueça: mantenha-se em prece, está bem? Um de nossos amigos estará lhe fazendo companhia, enquanto trabalhamos.

O passe exerceu o papel de desligamento temporário das entidades que assenhoreavam Jacques, permitindo que este pudesse sentir-se um pouco mais relaxado. Em determinado instante, um sono incalculável, fruto da medicação e das energias equilibrantes do passe, pôs o assistido em uma letargia profunda, totalmente administrada pelos mentores, visando seu desdobramento e continuidade do tratamento em seu perispírito.

Os trabalhos tiveram início e a primeira entidade que se manifestou por um dos médiuns presentes foi Balantin, irritadiço e fazendo ameaças descabidas:

– O que querem de mim, seus enxeridos nos negócios alheios?

A esclarecedora era a senhora Jamille, esposa do médico que se incumbira da assistência de Jacques. Esta começou o diálogo com o revoltado espírito:

– Inicialmente, meu irmão em Jesus, não tratamos de negócios por aqui e, sim, de sentimentos. Pessoas não são atividades comerciais para nós.

– Para mim, trata-se de oportunidade, como

comprar e vender, somente isso. E já dei satisfação demais para uma mulher...

– Sua irmã, que deseja o seu bem.

– Bem? Quem quer o meu bem sou eu mesmo. Não dependo de ninguém e não pedi para estar aqui. Estou contra a minha vontade. Meus assuntos são tratados por mim e meu sócio e você está querendo se imiscuir neles. Aviso que o custo que pagará será alto. Portanto, encerre logo sua ladainha.

– Não encerraremos até chegarmos ao ponto capital de nossa conversa, que é o respeito devido ao nosso irmão Jacques, que você, meu caro, está destruindo por satisfação pessoal. Percebemos que se trata pura e tão somente de questões oportunistas, conforme suas palavras.

– E qual o problema? Faço o que quero, como ele também faz. Ele é o único responsável em nos atrair. Gosta da nossa presença e por fazermos companhia, cobramos uma taxa. Mera questão de justiça.

– Justiça, meu irmão, nós só temos quando vivemos em harmonia com as leis de Deus. Fora isso, poderemos nos equivocar facilmente na vingança, no rancor ou mesmo tirar vantagem da ignorância alheia.

– Ora, não me canse com essas bobagens de Deus e de justiça. Veja que ele mesmo, o seu novo amiguinho que está na sala ao lado, quando quis, fez justiça com as próprias mãos. Levamos conosco uma estúpida que geme dia e noite, fruto das ações do seu protegidinho Jacques, que o tal marquês aí está querendo tanto auxiliar. Ele vale tanto quanto eu. Por isso, andamos juntos.

— Não estamos aqui para julgar as ações de quem quer que seja, mas, sim, trabalharmos no sentido de criar uma rede de harmonização, tendo a luz do Cristo como o farol necessário, para nos mostrar novos caminhos. Não forçamos ninguém a aceitar coisa alguma. Aliás, nosso Mestre e senhor nos ofereceu a opção do amor. Por que você não dá uma chance para que o amor e a paz reinem em seu coração?

— Que amor? Que paz? Você está louca? Isso não existe. Somente os tolos creem em asneiras deste tipo...

— Talvez não. Quer ver?

Jamille colocou-se à frente do médium e, auxiliada pelos mentores ali presentes, pôde ver parte da história de Balantin, que também amparado pela espiritualidade presente adentrou ao seu subconsciente profundo, acessando aspectos da última existência.

— Veja, meu irmão. Não são os seus filhinhos, que foram abandonados em um orfanato, depois da morte de sua esposa, para que você pudesse continuar se aventurando com outras moças? A bebida e as mulheres eram sua verdadeira companhia, enquanto a família sempre ficava em segundo ou terceiro plano.

– Você não tem nada com isso. É problema meu...

– Ao contrário. A dor é problema de todos nós, que somos irmãos. Por que carregar a consciência culpada e buscar afogar as mágoas, aproveitando-se de outras pessoas? Produzir infelicidade nos outros somente agregará maiores infelicidades para nós mesmos. Não está na hora da mudança de rumo? Veja e constate o tempo perdido. Onde estão seus filhos, sua esposa, seus reais tesouros? De que valeram as aventuras?

A entidade, diante daquelas reminiscências emocionou-se e, de seus olhos, grossas lágrimas começaram a escorrer. Atingido pela dor e remorso, gritou:

– Tenham misericórdia de mim! Não suporto mais tudo isso. Bebo para esquecer e preciso de gente em corpo mais denso que me sirva de copo. Nada tenho contra aquele camponês miserável. Só encontrei a porta aberta e me aproveitei.

– Não se desespere, meu irmão, estamos aqui diante de amigos que visam somente o bem do semelhante. Eles se encarregarão de auxiliá-lo a aplacar sua dor, e novas oportunidades de resgate surgirão. Se quiser parar de sofrer, você pode. A opção é totalmente sua. Basta se voltar para Jesus e a misericórdia que pede lhe será imediatamente concedida. O que acha?

– Estão me chamando. Minha esposa está com eles. Vou embora. E Oliver, Geneviève, que serão deles?

— Serão encaminhados também. Irão com você e os irmãos que aí se encontram.

— Grato, nobre senhora. Perdão pelo meu tratamento desrespeitoso...

— Entre corações que se amam e procuram exercitar o bem, a ofensa não existe. Vá em paz, e que Deus nos abençoe a todos!

16

ANJOS EM NOSSA VIDA

ENCERRADA A ASSISTÊNCIA aos nossos irmãos desencarnados, as recomendações dos mentores responsáveis pelo trabalho foram dadas individualmente para os colaboradores pelos médiuns presentes. A senhora Jamille solicitou ao marquês que a procurasse para falarem a respeito de Jacques.

Instalaram-se em pequena sala contígua ao ambiente de atendimento, e Jamille explicou:

— Senhor marquês, o mentor que me assistiu no

caso de seu funcionário solicitou que o senhor faça um trabalho paciente de acompanhamento médico, em virtude da dependência alcoólica estar severamente instalada.

– Sim, senhora. Já havia pensado a respeito, pois sei que outras entidades oportunistas poderão se apresentar.

– Naturalmente esse risco existe e deverá ser levado em conta. Mais uma coisa...

– Pois não?

– Convide Jacques e os funcionários que se disponham a participar, evidentemente, do culto do Evangelho em seu lar, e a influência dos bons espíritos trará aos poucos a sustentação e os esclarecimentos necessários para todos. São apenas essas as recomendações.

– Farei conforme as orientações que a senhora é portadora. Obrigado e boa noite! Permita que eu me retire para despedir-me dos demais. Fique em paz!

– Obrigada, senhor marquês. Que Deus nos abençoe os propósitos no bem!

Na saída da reunião, depois que todos se instalaram na carruagem para o retorno ao lar, Jacques dava demonstrações de maior disposição. Curioso, porém, respeitosamente, solicitou permissão para falar:

– Senhor marquês, agradeço sinceramente tudo

o que está sendo feito por mim. Peço a Deus que eu possa, um dia, retribuir todos esses favores.

– Jacques, nem pense nisso. O trabalho é de Jesus. Somos apenas seus intermediários.

– Entendo, no entanto, sou muito grato. O senhor tem alguma recomendação especial para o meu caso? Foi dada alguma instrução durante as atividades? Depois da imposição de mãos, confesso que não me foi possível resistir ao sono. Talvez a medicação tenha exercido grande efeito...

– Não somente. Porém, a assistência espiritual, que terei a oportunidade de explicar com maior vagar durante a semana, caso você tenha interesse obviamente, pode trazer fluidos altamente calmantes e levar-nos ao sono em nossas primeiras participações. Naturalmente que não é regra geral, contudo, totalmente possível. Você me perguntou sobre alguma recomendação, correto?

– Sim, senhor.

– Trata-se apenas de um convite, que estenderei para os demais funcionários. Fazemos em meu lar uma reunião de estudo do Evangelho uma vez por semana e, se você quiser participar, sinta-se convidado. Todavia, posso fazer-lhe uma sugestão?

– Naturalmente, senhor marquês. Em relação ao Evangelho, participarei com prazer.

– Muito bem. Então, procure ler o Novo Testamento diariamente e recorrer à prece com regularidade.

— Perfeitamente. Irei comprar o livro amanhã mesmo.

— Não será necessário. Tenho vários volumes em minha biblioteca e terei prazer em presenteá-lo.

— Mas, senhor marquês, como poderei pagar tudo isso. O médico, agora o livro...

— Jacques, quem está falando em pagamento? Isso faz parte de nossa cultura, de minha família. Nossos funcionários são respeitados não somente pela profissão que exercem, mas, acima de tudo, como seres humanos, nossos semelhantes. Tanto eu como a senhora marquesa, aceitamos Deus como nosso Pai e Criador, bem como a lógica de sua justiça na questão das vidas sucessivas. O procedimento no bem é para nós o verdadeiro tesouro, conforme ensinamento do Cristo. Sempre precisaremos uns dos outros em nosso processo evolutivo. Ninguém se basta sozinho. Por isso mesmo, vivemos em família, que é a célula menor da grande família chamada sociedade, não somente planetária, mas, sim, universal. Somos espíritas, melhor dizendo, buscamos ser espíritas, graças ao esforço contínuo em nos melhorar. Tanto a senhora marquesa quanto eu mesmo, sabemos que o cristão necessita sempre buscar o exercício do amor nele próprio e no próximo. Exatamente por isso nós nos esforçamos muito para sermos verdadeiros espíritas, nos pensamentos e atitudes. Trata-se de uma doutrina que vem sendo codificada pelo preclaro professor Hippolyte Léon Denizard Rivail, que se utiliza de um pseudônimo, assinando como Allan Kardec, seu nome em uma das encarnações anteriores, na qual o codificador teria sido um druida. Caso você tenha interesse, mantemos também alguns exemplares de seus mais recentes lançamentos, tais como: *O livro dos espíritos*, *O que é o espiritismo*, *O livro dos médiuns* e *O evangelho segundo o espiritismo*.

– Agradeço muitíssimo. Qual o senhor me recomendaria inicialmente?

– *O que é o espiritismo*. Trata-se de uma obra que, não tenho dúvida, despertará seu interesse por tão significativos ensinamentos. Na realidade, o espiritismo é o cristianismo em sua total pureza, ou seja, redivivo, conforme você poderá constatar no livro *O evangelho segundo o espiritismo*. Ao chegarmos, eu mesmo entregarei os volumes em suas mãos.

Jacques agradeceu, emocionado. Como um homem tão importante, vindo de família nobre, poderia tratar um simples camponês com tanta polidez e respeito? Se anjos existissem, talvez estivesse diante de um deles.

17

Luz para o espírito

Ao chegarem, em poucos instantes, o marquês entregava para Jacques o Evangelho e as demais obras espíritas.

O jardineiro agradecido segurou os livros e foi para o seu aposento. Achou melhor alimentar-se frugalmente naquela noite. O desejo do vinho vinha-lhe à mente com insistência, pela dependência instalada, não somente em seu psiquismo como também no corpo que, habituado, exigia as doses diárias.

Pegou uma garrafa e, quando foi abri-la, esta escorregou de sua mão e rolou pelo chão, indo parar debaixo da cama.

Imediatamente, Jacques abaixou-se e, ao esticar o braço para apanhá-la, sentiu forte toque nas costas, como se alguém estivesse no ambiente, tentando afastá-lo do líquido viciante. Teve a nítida impressão de ter ouvido uma voz, dizendo:

– Livre-se dela imediatamente!

Assustado com o que acabara de acontecer, levantou-se e, olhando ao redor, procurou quem poderia ter possivelmente entrado no ambiente. Pegou a garrafa, abriu-a e derramou todo o seu conteúdo pela janela.

Voltou-se desconfiado e sentou-se na cama. Ao seu lado, estavam os livros recém-presenteados pelo patrão. Pegou um deles 'ao acaso', olhou para o título: *O que é o espiritismo*. Abriu-o também, sem qualquer objetivo específico, e deparou-se com o seguinte assunto:

O MARAVILHOSO E O SOBRENATURAL

V – O espiritismo tende, evidentemente, a fazer reviver as crenças fundadas no maravilhoso e no sobrenatural; ora, no século positivo em que vivemos, isto me parece difícil, porque é exigir que se acredite nas superstições e nos erros populares, já condenados pela razão.

Allan Kardec – Uma ideia só é supersticiosa quando

falsa; mas cessa de o ser desde que passe a ser uma verdade reconhecida.

A questão está em saber se os espíritos se manifestam, ou não; ora, isso não pode ser tachado de superstição, antes de ficar provado que não existem espíritos.

Direis: a minha razão não aceita essas comunicações; porém, os que creem e que não são nenhuns mentecaptos invocam também as suas razões e, além disso, os fatos; para que lado se deve pender? O grande juiz, nesta questão, é o futuro – como tem sido em todas as questões científicas e industriais classificadas como absurdas e impossíveis em sua origem.

Pretendeis julgar a priori segundo a vossa opinião; nós só o fazemos depois de, por muito tempo, ter visto e observado. Acresce que o espiritismo esclarecido, como o é hoje, procura, ao contrário, destruir as ideias supersticiosas, mostrando o que há de real ou de falso nas crenças populares, denunciando o que nelas existe de absurdo, fruto da ignorância e dos preconceitos.

Vou mais longe e digo que é precisamente o positivismo do nosso século que faz com que adotemos o espiritismo, e que este deve, em parte, àquele a rapidez da sua propagação, antes que, como alguns pretendem, a uma recrudescência do amor ao maravilhoso e ao sobrenatural.

O sobrenatural desaparece à luz do facho da ciência, da filosofia e da razão, como os deuses do paganismo ante o brilho do cristianismo. Sobrenatural é tudo o que está fora das leis da natureza. O positivismo nada admite que escape à ação dessas leis; mas, porventura, ele as conhece a todas?

Em todos os tempos foram reputados sobrenaturais os fenômenos cuja causa não era conhecida; pois bem: o espiritismo vem revelar uma nova lei, segundo a qual a conversação com o espírito de um morto é um fato tão natural, como o que se dá por intermédio da eletricidade, entre dois indivíduos separados por uma distância de cem léguas; o mesmo acontece com os outros fenômenos espíritas.

O espiritismo repudia, nos limites do que lhe pertence, todo efeito maravilhoso, isto é, fora das leis da natureza; ele não faz milagres nem prodígios, antes explica, em virtude de uma dessas leis, certos efeitos, demonstrando, assim, a sua possibilidade. Ele amplia, igualmente, o domínio da ciência, e é nisto que ele próprio se torna uma ciência; como, porém, a descoberta dessa nova lei traz consequências morais, o código das consequências faz dele, ao mesmo tempo, uma doutrina filosófica.

Deste último ponto de vista, ele corresponde às aspirações do homem, no que se refere ao seu futuro; e como a sua teoria do futuro repousa sobre bases positivas e racionais, ela agrada ao espírito positivo do nosso século.

É o que compreendereis, quando vos derdes ao trabalho de estudá-lo.

Naquele exato momento, Jacques sentia que um novo mundo se abria à sua frente. Foi direto ao preâmbulo da obra e passou parte da noite com as velas acesas, lendo avidamente aquele manancial de luz para o espírito.

18

ESTUDO E TRABALHO

A PARTIR DAQUELE domingo, quando os estudos da doutrina espírita tiveram início, Jacques efetivou grande mudança em relação a conceitos sobre a presente existência e os valores morais, lastreados no Evangelho de Jesus.

Passou a estudar com afinco as quatro obras publicadas até o ano de 1864, e também a *Revista Espírita*, oferecida ao público pelo codificador desde o ano de 1858.

O marquês R. ficara impressionado com a ânsia de aprendizado do novo funcionário e companheiro de doutrina. Sabia que razões relacionadas a outras existências uniam-nos, como verdadeiros irmãos. Desde o princípio, sentira forte atração magnética por Jacques, como se tivesse sido seu genitor em passada experiência.

Investindo fortemente no interesse do novo amigo, franqueou sua biblioteca, para que ele pudesse ampliar os conhecimentos em outras áreas da cultura.

Realmente, o camponês se identificava com o mundo das letras e, aos poucos, despertavam de forma intuitiva seus conhecimentos anteriores, demonstrando que a existência atual fora providencial para trabalhar a humildade daquele que fora um orgulhoso intelectual em outras reencarnações.

Jacques labutava com afinco na reforma íntima, mas a tresloucada atitude contra Geneviève doía em sua consciência.

Entendia que a vingança construíra um verdadeiro inferno em sua vida. Apesar de recorrer à prece com frequência para a cunhada, sentia o peso de seu equívoco. Estava se pacificando espiritualmente. No entanto, a situação encoberta perante a justiça dos homens, para ele, precisaria de uma solução em breve tempo.

Se cometera um erro, estava disposto a pagar,

para que o crime fosse esclarecido e as suspeitas que recaíam sobre o segurança da cunhada não ocasionassem ao pobre homem pagar por um ato que não praticara.

Corria o mês de julho de 1865, e já se completava quase um semestre que Jacques participava das reuniões espíritas realizadas na casa do bondoso médico, aplicando passes e servindo de intermediador para os trabalhos desobsessivos.

Todos quedavam impressionados com o magnetismo do jardineiro, que costumeiramente aliviava os sofrimentos das pessoas e, em alguns casos, o restabelecimento de natureza física era também alcançado. Jacques era médium de cura com uma faculdade realmente notável.

A senhora Jamille, experiente clarividente, informava aos componentes do grupo suas percepções sobre Jacques. Eram vistos saindo de suas mãos eflúvios altamente iluminados, atuando diretamente no perispírito dos assistidos, promovendo maravilhas. Em determinados instantes, podiam-se observar equipes do plano espiritual, verdadeiros médicos de plantão, procedendo a cirurgias com equipamentos desconhecidos naquele tempo em que viviam.

No término de uma dessas prazerosas reuniões, o marquês R. foi o responsável em dar uma notícia extraordinária. O professor Hippolyte, o querido Allan Kardec, lançaria no dia 1º de agosto o seu mais novo livro intitulado: *O céu e o inferno* ou *A justiça divina segundo o espiritismo*.

Todos ficaram exultantes. Mas o melhor estava por vir, quando o marquês emocionado falou:

– E vocês, meus nobres amigos, saibam que as bênçãos de Jesus estão nos presenteando enorme-mente. Após a semana de lançamento de mais uma importante obra por parte de nosso estimado codifi-cador, receberemos nos jardins de minha residência – cumprindo o que determina a lei, implementada por nosso imperador Napoleão III, de que reuniões com muitos participantes não podem ser realizadas em ambiente fechado – o senhor Allan Kardec para uma breve palestra sobre seu novo livro.

Todos exultaram de alegria e, entre palmas e abra-ços, finalizaram a reunião daquele domingo, orando pelo sucesso da obra e do trabalho gigantesco em-preendido pelo codificador.

19

Banquete de luz

O TEMPO PASSOU rápido. Os dois jardineiros trabalharam muito para prepararem todos os detalhes, a fim de que, no dia da reunião com o senhor Allan Kardec, estivesse tudo absolutamente em ordem.

A própria marquesa fez questão de comandar várias atividades pessoalmente. Receber o codificador seria uma honra para todos, apesar de sua já conhecida modéstia.

O grande dia finalmente chegou. Uma bela tarde de sábado de agosto, em pleno verão europeu.

Os convidados foram recepcionados pelos anfitriões e acomodados em cadeiras confortáveis, distribuídas em um dos jardins, como um pequeno auditório, debaixo de árvores frondosas, que forneciam sombra agradável e reduziam, em muito, a temperatura da tarde.

Todos os funcionários foram convidados para a palestra. O marquês R. solicitou pessoalmente a seu *chef* que preparasse alguns quitutes e sucos adequados para a estação. Tudo muito simples, como gostava o caríssimo educador.

Allan Kardec chegou acompanhado de sua esposa, Amélie Gabrielle Boudet, sua doce Gabi, cerca de vinte minutos antes do horário, em carruagem que o marquês fizera questão de enviar para buscá-los.

A chegada do veículo pelos enormes portões da mansão causou profundo silêncio entre os convidados. A atmosfera local pareceu se transformar, e o calor do dia foi abrandado com uma brisa suave.

Ao desembarcar, o iluminado professor auxiliou gentilmente a esposa a descer os dois pequenos degraus da carruagem.

Todos os funcionários da residência estavam a postos para receber a ilustre figura. Jacques mal podia acreditar que estava tão próximo daquele homem, representante de Jesus, que fora o intermediário responsável entre ele e uma nova visão de Deus que renovou seus conceitos. Não mais o Pai rancoroso e castigador diante dos enganos cometidos pelos seus filhos. Nada mais lógico do que as oportunidades oferecidas pela reencarnação. A justiça divina era de amor, e o castigo, se entendido assim, era a necessidade de refazer de maneira correta aquilo que a criatura havia errado. O entendimento sobre pecado fora ampliado. Sabia agora ser a falta de conhecimento de si mesmo e das leis divinas, os enganos cometidos pelo não cumprimento delas. Hoje, compreendia que Deus não castigava verdadeiramente, mas legava a responsabilidade sobre os atos cometidos, ofertando a oportunidade de tudo refazer com trabalho árduo frente às mudanças necessárias, para que o exercício do amor fosse a meta primordial na vida.

O senhor Allan Kardec cumprimentou todos os presentes, em número total de cento e vinte pessoas.

Os funcionários mantinham-se um pouco mais distantes dos convivas, e o codificador fez questão de ir até eles e cumprimentá-los também, solicitando que se unissem aos demais convidados.

Ao estender a mão para Jacques, este ficou por um instante paralisado. Jamais esperaria gesto tão humilde de uma criatura que tinha como verdadeiro ídolo. Não pôde se conter diante da vibração de paz e amor que emanava do missionário de Jesus e, curvando-se, beijou-lhe a mão.

O gesto foi imediatamente reproduzido por Kardec que, após oscular a mão do jardineiro, olhou em seus olhos, dizendo:

– Jesus abençoe seu esforço, meu filho. Os verdadeiros espíritas são aqueles que lutam contra o maior inimigo que possuem: os hábitos inferiores. O trabalho com Jesus, despertando o homem de bem em cada um de nós, está apenas começando.

Jacques tinha os olhos úmidos pela emoção que sentia naqueles instantes. Aquele homem transpirava a paz, o amor e a luz do Mestre.

Não conseguindo conter-se, pediu:

– Senhor, em suas preces, lembre-se de mim, para que eu possa tomar as decisões mais acertadas em minha vida.

– Tenho certeza de que elas serão abençoadas pelo nosso Pai e por Jesus. Por favor, me acompanhe, para que possamos iniciar a nossa reunião.

Não só o jardineiro se admirava com gestos vazados de humildade, como os demais convidados se permitiam envolver com as vibrações superiores no ambiente. Tinha-se a impressão de que até as flores dos jardins cantavam de alegria, fazendo coro com pequenos pássaros, transformando o ambiente em um verdadeiro paraíso de luz e amor.

O marquês convidou os presentes a tomarem os

seus lugares e, em seguida, pronunciou sentida prece, invocando os bons espíritos, nas bênçãos de Jesus e Deus, nosso Pai. Após, passou a palavra para o codificador, que iniciou seu discurso, mais ou menos, nesses termos:

— Senhoras e senhores, que Deus nos abençoe. A presente obra é mais uma conquista de Jesus na Terra, na revivescência de seu Evangelho de amor, abrindo o nosso entendimento para um novo ciclo evolutivo no planeta. Os tempos de mudança realmente são chegados. A terceira revelação tira-nos definitivamente da ilusão do Deus que castiga para o Criador amoroso e demonstra que a sua justiça se faz no íntimo de cada um que, ao tomar consciência de seus equívocos, busca repará-los para não continuar vivenciando a dor e o sofrimento. Agradeço pelo apoio neste momento, não à minha pessoa, pois não o mereço, mas, sim, à obra coletiva dos espíritos em nome da verdade. Gostaria agora de abrir espaço para as perguntas para que juntos possamos refletir sobre esse novo mundo que a nós se descortina.

Os questionamentos eram feitos ordenadamente pelos presentes, e, em cada resposta dada, era indicado o ponto respectivo na obra que acabara de vir a lume.

Todos se maravilhavam não somente com a memória do codificador, mas também com a nítida impressão de que o iluminado missionário, por vezes, respondia a determinadas perguntas, antes mesmo que elas fossem formuladas.

Era um verdadeiro banquete de luz.

20

APAZIGUAR O CORAÇÃO

A REUNIÃO, QUE deveria ter uma duração máxima de uma hora com o codificador, estendeu-se para três horas, sem que a audiência quisesse arredar pé. O anfitrião, convenientemente, fez os agradecimentos, porque tinha em conta a alta ocupação e outros compromissos do estimado convidado. Foram servidos os sucos e os canapés, e o senhor Allan Kardec e esposa iniciaram as suas despedidas, agradecendo a gentileza dos anfitriões e das demais pessoas presentes.

Por um instante, o ilustre pedagogo solicitou ao marquês uma pena e tinta. Apanhou de sua valise a obra recém-lançada, ofertando aos donos da casa como presente, grafando delicada e agradecida mensagem, ao lado de seu autógrafo. Apanhou mais uma e também grafou algumas linhas. Assinou e, quando estava de saída, procurou alguém entre os convidados. Ao vê-lo, foi em sua direção: era Jacques, o seu escolhido. Aproximando-se, entregou o livro, dizendo:

— Meu filho, mantenha firme o seu propósito de reformulação para o bem com Jesus e faça o que a sua consciência está lhe solicitando. Fique na paz de Deus e que o seu caminho seja sempre iluminado nas graças do Senhor. Boa noite, meu irmão!

Jacques totalmente surpreso recebeu a obra e, retribuindo o cumprimento do codificador da doutrina espírita, que jamais imaginaria poder conhecê-lo pessoalmente, respondeu emocionadíssimo, com os olhos embaçados pelas lágrimas:

— Senhor, não tenho palavras para agradecê-lo! Que Deus nosso Pai, continue a fortalecê-lo para que o seu trabalho, em breve tempo, ilumine o mundo!

O jardineiro estava maravilhado diante daquela figura simples e, ao mesmo tempo, luminosa. A sensação que tinha naquele momento era de estar diante de um dos Apóstolos de Jesus.

consciência e meu coração. Reconheço e agradeço tudo o que o senhor e sua esposa fazem por mim, tratando-me como um verdadeiro irmão em Cristo Jesus. Entretanto, devo confessar-lhe um engano recentemente cometido em minha existência atual e as providências que gostaria de levar a efeito.

– Com certeza. Estamos todos aqui para auxiliá--lo, meu caro Jacques. Por favor, diga-me o que o faz infeliz.

O pobre camponês, com o rosto banhado em lágrimas, relatou a história a respeito de sua filha, esposa e cunhada. O marquês ouvia serenamente, pedindo, em alguns instantes, que o funcionário se acalmasse. Interrompeu caridosamente o relato de Jacques, a fim de oferecer-lhe um copo com água fresca, entregando seu próprio lenço, para que o sofrido homem enxugasse as suas lágrimas.

Finda a exposição dos fatos, Jacques perguntou:

– O que o senhor tem a me dizer?

– Bem, eu já havia recebido orientação de nossos mentores a esse respeito, preparando-me para que, no momento adequado, pudéssemos trabalhar juntos. Sua atitude é a correta, e quero deixá-lo um tanto mais tranquilo, apesar da gravidade dos fatos, em dizer-lhe que colocaremos os advogados necessários, para que possamos chegar a uma solução mais branda possível no seu caso. Eu mesmo farei questão de acompanhá-lo em sua apresentação às autoridades competentes, juntamente com o meu advogado. Vou solicitar que levem uma mensagem, para ver quando poderemos ter a companhia do competente profissional, a fim de discutirmos a melhor estratégia para a sua apresentação. Por enquanto, tranquilize-se o máximo que puder. Volte aos seus aposentos e busque a oração, para que o fortalecimento em Jesus e Deus Nosso Pai o preparem convenientemente, está bem?

– Está sim. Obrigado, senhor marquês, pelo bem que me faz.

– Jacques, faço somente o meu papel de irmão, nada mais.

O advogado, assim que recebeu um dos funcionários do seu ilustre cliente, preparou-se e dirigiu-se com urgência à mansão do marquês. Raramente seus serviços eram solicitados, mas, quando isso ocorria, é porque assuntos graves estavam sendo demandados.

Quando foi anunciada a sua presença, o anfitrião solicitou que fossem chamar Jacques, que se encontrava em seus aposentos.

Feitas as apresentações de praxe, o jardineiro iniciou a narrativa e, ao término, recebeu as melhores orientações do advogado. O profissional experiente sabia entender a fragilidade do ser humano em suas atitudes, diante dos sentimentos desequilibrados.

Pediu alguns dias para se inteirar adequadamente do caso e, despedindo-se, deixou Jacques entregue às suas ansiedades e expectativas, mas, por misericórdia divina, poderia se ocupar da leitura do novo livro que ganhara.

21

CÉU E INFERNO

Ao fechar o livro *O céu e o inferno*, que devorara em poucos dias, Jacques mentalmente agradeceu o trabalho magnífico daquele homem mandado por Deus, Allan Kardec, assim como a todos os bons espíritos que o auxiliaram naquela obra que, sem dúvida, modificara a estrutura de suas crenças, valores e entendimento sobre a vida.

Apesar de atormentado pelo homicídio que cometera e com uma provável sentença de morte assombrando seu destino, sentiu uma imensa paz, fruto das reflexões sobre Deus e sua justiça.

Desde que conhecera a doutrina espírita, um novo modo de perceber a realidade foi se formando e fortalecendo em seu coração, mudando radicalmente a maneira de se relacionar com a divindade.

Dentro de uma lógica, para ele, incontestável, a imortalidade representava o investimento de Deus em nós, suas obras de amor, para que, com nosso esforço e mérito, chegássemos a conquistar a sabedoria e o amor pleno. Sabia, desde a leitura de *O evangelho segundo o espiritismo*, que nosso futuro não poderia ser o "nada", como acreditavam alguns, o fim absoluto, quando depois da morte, do último suspiro, nada mais restaria. E, neste novo livro, encontrara informações e esclarecimentos que complementavam as informações anteriores sobre a imortalidade da alma, no qual o codificador muito bem colocara: *"Haverá alguma coisa mais desesperadora do que essa ideia de destruição absoluta?"*. Se assim o fosse, perderíamos nossas conquistas, progressos, nossos amores, nossa inteligência. E que motivos teríamos para empreender o controle de nossas paixões, ou aprimorar nossas vidas sem que disto pudéssemos colher algum fruto? Acreditar nessa possibilidade nos encorajaria a viver somente o presente, pois não haveria um futuro e, assim, pensaríamos de modo ainda mais egoísta, procurando desfrutar de tudo que nos bem aprouvesse. Romperíamos os laços de fraternidade, essenciais em uma sociedade, seria o 'cada um por si', o que destoaria completamente do amor proposto por nosso Mestre Jesus.

Percebia que, no íntimo de cada ser, havia uma intuição de que a realidade não poderia ser assim! E deveria existir algo mais, um futuro no qual nossas conquistas pudessem ser aumentadas e fosse possível reencontrar nossos afetos, progredir, melhorar. Deus não desperdiçaria sua criação, seus filhos...

Não se preocupava mais da mesma forma com a sua morte, momento este que enfrentaria com certeza. Cedo ou tarde cada ser humano vivente passará por esta experiência. Segundo o mestre lionês, a preocupação com a morte está ligada à falta de compreensão sobre a vida futura e, à medida que a certeza da sobrevivência da alma sobre o corpo se desenvolve, o medo da morte se atenua ou desaparece. Mas salienta que nem todos estão preparados ou interessados em admitir essa realidade, pois se faz necessário adentrar ao entendimento do mundo espiritual, buscando compreendê-lo, o que requer certa condição em se libertar do apego à matéria: *"Apegando-se ao exterior, o homem só vê a vida do corpo, quando a vida real é a da alma"*, explica Kardec.

Jacques sentia-se alentado, pois sabia que sobreviveria à morte, porque ela, na realidade, não existia.

No momento certo, o mundo espiritual o receberia, ofertando-lhe todas as possibilidades de reajustamento. Encontraria sua esposa e a filha, amores de seu coração e também Geneviève de quem se tornara devedor. Estava disposto a fazer o que fosse necessário para saldar suas contas com as leis divinas.

Um tímido sorriso apareceu em seus lábios. Refletia que o 'medo da morte' fora substituído em seu íntimo por uma grande 'responsabilidade pela vida' e isso, sem sombra de dúvida, representava certo crescimento espiritual. Não era nem de longe um anjo, mas também não era mais um demônio. Aliás, esse entendimento sofrera enorme mudança.

Os ensinamentos que tivera na infância sobre anjos e demônios alteravam-se completamente quando comparados aos que a doutrina espírita lhe revelara. Hoje, compreendia que os espíritos são criados simples e ignorantes, ou seja, sem conhecimento e sem a consciência do bem e do mal, mas com aptidões para conquistar o que lhes falta, podendo atingir a perfeição com maior ou menor rapidez, de acordo com o uso que fazemos de nosso livre-arbítrio e na medida de nossos esforços.

Nenhum homem ou mulher fora criado por Deus para ser eternamente mau, ou viver indefinidamente em um mundo de sofrimento por ter errado, uma vez que o erro faz parte deste mesmo caminho de crescimento.

Lembrava-se de certos quadros que vira, nos quais seres se contorciam torturados e exaustos nas chamas escaldantes do inferno, pagando por erros que não seriam jamais perdoados. O arrependimento era ineficaz e o que lhes restava era o passar dos séculos, expiando pelo mal praticado. O temor do castigo eterno aos olhos de muitos era um freio necessário que, eliminado, levaria os homens ao total desregramento. Ledo engano, pois não é o medo que provoca a contenção do mal, mas, sim, a compreensão e distinção entre o bem e o mal, o que nos motiva à autoeducação.

Deus não criou o mal. Todas as suas leis nos conduzem ao bem. O homem cria o mal quando infringe essas normas. Ele também não nos cria prontos, sem nada a conquistar, pois devemos fazê-lo por nosso próprio esforço.

O 'anjo' é o ser que já chegou ao topo da escalada evolutiva, desfrutando da felicidade almejada, que conquistou com sua dedicação e empenho. Contudo, antes mesmo de atingir o ponto culminante da perfeição, ele já usufrui de uma felicidade relativa ao seu progresso. Agora o dito 'demônio' está nos primeiros degraus, lhe falta experiência e, por isso, é falível. Deus não lhe dá a experiência, mas lhe oferece os meios para conquistá-la.

Não era o que acontecera com ele próprio? Não errara por querer errar, porém acreditava-se vítima, ultrajado em seus mais caros sentimentos e resolvera fazer justiça pelas próprias mãos. Depois do engano cometido, sentiu nas fibras mais íntimas a dor do arrependimento. Entendera que não se pode ser feliz com a infelicidade de nosso semelhante e que a justiça cabe somente a Deus, o conhecedor de todos os pormenores de nossa história. A duras penas, compreendera que, a cada passo, no caminho do mal nos atrasamos e sofremos as consequências do erro, aprendendo o que devemos evitar e o que nos faz sofrer.

Se não há anjos e demônios, tão pouco o céu e o inferno poderiam existir. O céu dos eleitos, segundo suas antigas convicções, agregaria um espaço de eterna inutilidade, no qual os bem-aventurados respirariam um tédio maçante. Esta, com certeza, não representa a ideia do que seria um espaço de felicidade, mas, sim, uma atividade constante no bem, na qual se possa fazer a felicidade do semelhante. Conforme Kardec, a felicidade real "*consiste ainda no conhecimento e na compreensão de todas as coisas, na ausência de qualquer sofrimento físico e moral, na satisfação íntima, na serenidade do espírito que nada altera, no amor que une a todos os seres e, portanto na ausência de todo o aborrecimento proveniente da relação com os maus, e acima de tudo na visão de Deus e na compreensão de seus mistérios revelados aos mais dignos*". Ela não pode ficar circunscrita a um espaço no Universo, está em toda parte onde existam espíritos capazes de ser felizes.

Jacques havia reparado, ao longo da leitura, que se houvesse maior concordância dos teólogos e estudiosos sobre o que seria o céu, o mesmo já não acontecia com o inferno, pois este ganhava 'as cores' dos sentimentos e entendimento de cada mente de maneira menos uniforme.

– Provavelmente, por nos identificarmos mais com o sofrimento, é mais fácil imaginar o que seria o inferno e dar a este as nossas próprias características – pensou.

Na obra, Jacques pôde constatar que Kardec faz importante observação sobre o inferno, dizendo que *"alguns doutores o colocaram nas próprias entranhas da Terra. Outros, em não sabemos que planeta. A questão não foi resolvida por nenhum concílio. Ficamos, nesse caso, reduzidos às conjecturas. A única coisa que se afirma é que o inferno, onde quer que esteja situado, é um mundo constituído de elementos materiais, mas um mundo sem sol, sem lua, sem estrelas, mais triste, mais inóspito, mais desprovido de todo princípio e toda aparência de bem, como não acontece mesmo nas regiões mais inabitáveis deste mundo em que pecamos"*. Infelizmente, vivia ele seu próprio inferno, que era desprovido da tal felicidade dos espíritos puros e sábios. E, da mesma forma que a felicidade não se restringia a um espaço físico, o inferno também não. Ele estava, por ora, dentro do seu coração.

Sua consciência lhe cobrava sobre o ato cruel cometido contra a cunhada, e isso lhe representava grande sofrimento, já pagava desde agora sua pena.

O livro abençoado que acabara de ler esclarecia que ele não estava destinado a pagar eternamente pelo erro que cometera. A doutrina das penas eternas nasceu da ideia imperfeita de Deus e de seus atributos, assim como a falta de entendimento sobre a vida futura. Os homens assemelhavam Deus à sua própria natureza rude e imperfeita que castigaria de maneira implacável os que agissem de forma contrária à sua vontade. Bastava observar como se comportavam os conquistadores com seus inimigos. Eram impiedosos com os vencidos. Todavia, Jesus trocara o *"olho por olho, dente por dente"* pelo *"amai--vos uns aos outros"*, e ensinara que Deus é um Pai de amor, justo e bom. Se nós, que somos pais imperfeitos jamais condenaríamos um filho à dor eterna, poderíamos acreditar que Deus perfeito o faria?

Jacques entendia que o arrependimento era o primeiro passo para sua melhora, mas só isso não bastava. Seriam necessárias a expiação, que ele já vivenciava, e a reparação da falta cometida. Esta nova visão o enchia de esperanças para o futuro, pedia a Deus e aos bons espíritos que o auxiliassem a superar aquele momento da jornada, pois decidira ser um novo homem; bom e disposto a servir. Não esperaria o reencontro com a cunhada e com outros que porventura tivesse prejudicado para iniciar seu processo de transformação, este já havia começado, pois agora compreendia que a justiça do Pai consistia no famoso *a cada um segundo as suas obras*.

22

ASSUMINDO RESPONSABILIDADES

EM POUCOS DIAS, o advogado retornou à residência, procurando o marquês e Jacques. Já possuía as informações necessárias para dar andamento ao processo.

Foi recebido em sala reservada e, assim que o jardineiro chegou, saudaram-se como mandava a educação da época. Em seguida, iniciaram a reunião:

– Meu caro senhor marquês, senhor Jacques,

meu escritório fez as apurações adequadas do caso e trouxe os detalhes e a estratégia para nossa apreciação.

– Muito bem, doutor Adalbert, vamos aos fatos – solicitou o marquês.

– Bem, senhores, a situação é razoavelmente frágil.

– Frágil como, doutor? – ansiosamente perguntou Jacques.

– Inicialmente, teremos que enfrentar a situação da ocorrência em si: a morte de sua cunhada Geneviève. Trata-se de um crime, no qual a vítima não teve condições mínimas de defesa, conforme apurações das equipes policiais especializadas. Isto por si só já traz complicações extras, sem contar a invasão de propriedade. No entanto, temos mais um agravante.

– Temos, doutor?

– Sim, senhor marquês. O segurança da residência, por ser um homem com costumes desregrados no álcool, foi considerado culpado em julgamento muito rápido e encontra-se encarcerado, aguardando sua execução.

– Meu Deus, o que fui fazer?! – perguntou-se Jacques completamente aturdido.

– O que não se esperava é que sua cunhada gozava de certos privilégios de um magistrado influente de Paris. Porém, essas notícias foram dadas sem muita base, obviamente. Conversas entre advoga-dos, depois do expediente, entre uma taça de vinho e outra. Os senhores sabem como são essas coisas, não? Por vezes, meros mexericos.

– Todavia, doutor, vejo como grave minha situação.

– Jacques, por favor, não perca as esperanças. Iniciamos os nossos trabalhos há pouco mais que uma semana. Temos muito pela frente. Vamos, ini-cialmente, preparar-nos para a sua apresentação. Existem vários atenuantes para o seu caso. Não po-demos iniciar com atitudes derrotistas. A situação é realmente séria, mas reuniremos argumentos que poderão minimizar o problema.

A conversa entre o advogado e Jacques foi longa, tendo a companhia do marquês em tempo integral. Era necessário prepará-lo convenientemente para os próximos passos.

Jacques percebeu o quanto seus sentimentos alte-rados e o consequente mau uso de seu livre-arbítrio produziram um quadro de árdua administração. Por ser um estudante da doutrina espírita, sabia que vi-venciava, na mesma reencarnação, o processo de causa e efeito. Sua liberdade utilizada sem respon-sabilidade, sem dar uma chance sequer para o per-dão, iria custar anos de sua presente existência ou, talvez, ela própria.

– Por que olvidara os avisos de seus amigos, principalmente René, que o alertavam para a insânia de suas decisões? – perguntava-se.

Encerrada a reunião, o advogado despediu-se dos cavalheiros e retirou-se. O marquês, assim que se viu a sós com Jacques, falou:

– Meu amigo, mantenha a calma e a fé em Deus. O Senhor irá nos amparar, porque estamos fazendo o que é correto e sabemos bem que, todas as vezes que damos a oportunidade para o justo proceder, as legiões espirituais se unem para auxiliar-nos. Não percamos nunca a esperança, que é a chama viva do Senhor em nós.

– Agradeço, senhor marquês, e tenha certeza de que estou pronto para o meu calvário. Entendo hoje, saindo da ignorância por meio da educação que o Evangelho de Jesus nos propicia, as responsabilidades que me são inerentes. Tenho absoluta confiança de que o amor do Mestre não me faltará.

A partir daquele momento, Jacques procurou manter-se em paz, buscando o recurso da oração, para o suporte necessário, enquanto aguardava o desenrolar dos fatos.

Dois dias mais tarde, o doutor Adalbert compareceu à residência do marquês, para conduzir Jacques ao posto policial. A hora era chegada.

O jardineiro foi acompanhado pelo advogado e o marquês. Em sua apresentação e depoimento às autoridades competentes, ele se encontrava extremamente tranquilo, porque sabia estar tomando a atitude correta. Os amigos espirituais envolviam-no em vibrações de paz e luz. Seu mentor transmitia--lhe confiança. Jacques era um homem renovado pelo Evangelho e nada mais temia em relação aos desdobramentos.

As autoridades acharam conveniente detê-lo para que aguardasse os procedimentos e o respectivo julgamento. A burocracia, nesse caso, seria enorme, por envolver o segurança que, a rigor, já recebera o veredicto.

23

Trabalhando com Jesus

Três meses se passaram até a data convencionada para o julgamento. Nesse período, eram constantes as visitas do senhor marquês e do doutor Adalbert, além de alguns dos antigos e novos amigos de Jacques, que foram devidamente informados pelo marquês. René era uma figura sempre presente, conforme o tempo e as atividades lhe permitiam.

Finalmente o dia chegou. A assembleia estava

repleta de pessoas que estimavam Jacques. O processo todo foi concluído no prazo de uma semana e o veredicto apresentado: "culpado". Entretanto, vários aspectos foram considerados, como a situação emocional do antigo camponês, antecedentes, responsabilidade diante do ato e a justiça em livrar um inocente da pena capital.

Ele receberia como pena quinze anos de reclusão na Conciergerie, penitenciária situada em Paris.

Durante todo o processo, Jacques manteve-se tranquilo e confiante. As lágrimas, por vezes, não podiam deixar de umedecer seus olhos. No entanto, sua confiança estava lastreada no conhecimento do Evangelho. Ele agora entendia que não mais estava diante de um deus cruel, que castigava seus filhos. Os conceitos antigos de pecado e castigo transformaram-se em erro e resgate, pela postura nova e consciente. O antigo e orgulhoso intelectual despertara para uma nova vida, na qual a humildade seria o ponto alto de seus testes na presente encarnação.

Jacques não se intimidou diante da prova, que sabia ser necessária para a sua edificação. Ao contrário do que poderia se esperar de um recém-condenado, solicitou ao marquês que lhe arrumasse mais alguns exemplares do Evangelho, porque trabalharia em favor do Cristo onde se encontrava agora.

Com o passar dos meses, de maneira discreta, o antigo camponês e jardineiro, com o potencial magnético que era possuidor, aliado ao auxílio dos amigos espirituais, atendia às necessidades de seus desventurados colegas. Buscava, sem fazer proselitismo, esclarecer todos os que despertassem interesse a respeito dos ensinos de Jesus, dentro da doutrina nova.

Sua assistência foi sendo aos poucos requisitada, até mesmo pelos guardas da prisão que, em muitas oportunidades, eram tratados de suas mazelas, por intermédio das mãos daquele homem simplório.

Muitos daqueles que mantinham suas convicções em religiões tradicionais ou eram materialistas convictos procuravam-no, às vezes, para receber o que passaram a chamar de bênçãos, ou outros, ainda, para debaterem sobre os ensinos do Cristo sob a nova análise do Evangelho segundo o espiritismo.

A ala da prisão onde Jacques se encontrava parecia ser tomada de luz, pois a calma reinava, sem revoltas ou atitudes violentas entre os próprios internos.

Entretanto, a umidade do local, principalmente durante o inverno, começou a interferir na saúde do pobre camponês. As visitas de amigos e do marquês eram constantes. E eles, aos poucos, notavam sua debilidade, com o decorrer do tempo.

Porém, Jacques mantinha-se firme e, quando perguntado, sempre se referia à sua situação como a mais tranquila e proveitosa possível. Dizia ser muito bem tratado e respeitado pelos colegas de infortúnio, incluindo até os próprios guardas e seus respectivos superiores. Não tinha nada do que se queixar, mas somente a agradecer, porque se considerava um servo de Jesus. Sabia não ser por acaso a oportunidade que recebera do Mestre, depois de seu gesto insano com Geneviève. Transmitia em suas palavras uma vibração de paz, extremamente convincente.

No início do ano de 1868, o marquês, pessoa sempre presente em sua vida, trouxe-lhe um presente, que dizia ser especial. Jacques abriu o pacote e emocionou-se diante da visão. Tratava-se do mais recente lançamento do codificador: *A gênese*, que fora publicada no dia 6 de janeiro daquele ano. E tinha mais. A dedicatória do iluminado missionário, dizendo-lhe de sua estima e incentivando-o diante da prova, que transformara em verdadeira ponte de luz para o Criador.

O marquês também se emocionou. Ao ver as lágrimas daquele amigo de outros tempos, disse:

– O nobre codificador manda-lhe suas mais queridas lembranças e glorifica a sua coragem, meu caro Jacques. Estive com ele recentemente, quando do lançamento dessa nova e importante obra, e notei, nos poucos instantes de conversação, que seu volume de trabalho continua intenso. A nossa doutrina, ou melhor, o Evangelho redivivo, está dando frutos abundantes. São realmente chegados os tempos, em que gradativamente o amor imperará nos corações.

Não foi possível a continuidade da conversa, porque, em poucos instantes, o horário de visitas se encerrou. Jacques agradeceu, sensibilizado:

– Senhor marquês, leve os meus respeitos à senhora sua esposa e a todos os meus amigos. Caso tenha a possibilidade de encontrar o senhor Allan Kardec, diga-lhe de minha gratidão pelo que fez e faz por mim, porque foi pela sua missão diante de Jesus, que ele transformou a minha vida.

24

A PARTIDA

O INVERNO NAQUELE janeiro de 1868 estava rigorosíssimo. A saúde de Jacques enfraquecera ainda mais. Uma gripe forte o acometeu e, por mais que buscasse debelá-la, sua imunidade caíra e seu corpo não reagia a contento.

Porém, Jacques mantinha-se confiante diante das atividades possíveis. Falar do Evangelho de Jesus tornara-se prática habitual no seu dia a dia e, cada vez mais, crescia o número de interessados em ouvi-lo.

Jesus era apresentado como o Senhor planetário e não um elemento de uma trindade que não fazia sentido, completamente isolado e privilegiado por Deus.

Tratava-se de nosso irmão mais velho, responsável por todos nós, Mestre e amigo constante, que abria seu coração misericordioso para nos estimular o amor fraterno e o perdão.

Para aquelas criaturas infelizes, na sua maioria, não somente prisioneiras do Estado, mas, sim, de sua própria ignorância em relação ao respeito à vida, começando pela deles próprias, Jesus redivivo era esperança e certeza de um futuro abençoado.

Deus, Nosso Pai, não mais reservava a punição eterna para os que falharam e, sim, novas oportunidades de aprendizado e reajuste.

Era necessário, diante da conscientização, que o erro fosse resgatado pelo verdadeiro amor. O inferno dos sofredores e o céu dos desocupados desapareciam para sempre. O purgatório transformava-se na luta empreendida pelo espírito, em qualquer plano de existência que se encontrasse.

Ninguém estava abandonado pela misericórdia divina, até porque, de seu seio amoroso, nós tínhamos partido e para ele voltaríamos crescidos em sabedoria e amor.

Os conceitos exarados pela doutrina renovadora enchiam de esperança e paz o coração aflito daquela gente, em sua grande maioria, abandonada à própria sorte. Jacques tornara-se o bom pastor por onde passava.

Muitos detentos que alcançavam a liberdade mudavam o sentido de suas vidas, buscando a transformação efetiva para o bem. Muitos deles se tornariam fundadores de entidades beneficentes ou trabalhadores espíritas. Finalmente, o bom senso e a razão imperavam, sobre séculos de ignorância e escuridão.

No entanto, a enfermidade de Jacques evoluiu para uma pneumonia. Os recursos oferecidos para a época, pela medicina, eram parcos, de uma maneira geral, para fazer frente a esse tipo de doença, quanto mais para os pobres condenados da Conciergerie.

Em questão de poucos dias, o estado do antigo camponês se agravou. Os reeducandos faziam verdadeira romaria até a sua cela, acompanhados pelos guardas, que mantinham profundo respeito por aquele homem simples e bondoso. Buscavam consolá-lo, contudo, todos saíam do local consolados, com as poucas palavras que o enfermo conseguia pronunciar.

Foi em uma madrugada extremamente fria que Jacques, fazendo um esforço enorme para respirar, se sentiu extremamente enfraquecido e pôde divisar à sua frente à imagem de Eliette, a sua amada garotinha, e Laurette, a querida e dedicada esposa.

Como não possuía a faculdade de clarividência, percebeu, com serenidade e fé, que o fim do corpo estava próximo.

O companheiro de cela, que o velava naqueles instantes finais, tendo despertado com a dificuldade da respiração de Jacques, entendeu o sorriso suave que se estampou na face daquele que considerava um emissário de Jesus e, num último olhar para amigo, o confortou:

– Jacques, missionário de Jesus em nossas vidas, vá na paz de Deus. Obrigado, amigo, por ter nos ensinado a amar, com os seus exemplos.

25

A BÊNÇÃO DO ESCLARECIMENTO

Eliette estendeu-lhe as mãos e, num gesto de amor, o chamou:

– Vamos, meu pai querido, o trabalho com Jesus prossegue...

Ao adentrar na dimensão espiritual, Jacques sentiu-se livre e completamente refeito de sua enfermidade. Abraçou e beijou as faces de suas amadas, emocionado pela oportunidade do reencontro.

Agradeceu a Jesus pela bênção que recebia naqueles instantes, não somente pela companhia de sua querida esposa e filha, mas, principalmente, pela lucidez que mantinha.

Quando conseguiu dominar as fortes e abençoadas emoções daquele momento de luz, perguntou:

– Onde vocês estavam que demoraram tanto, meus amores?

– Sempre a seu lado, meu querido pai, enviando nossos pensamentos de esforço no bem e preparando o seu retorno, que sabíamos, pelas informações de nossos guias, seria breve.

– E Geneviève, sua irmã, como está? – perguntou para Laurette, com os olhos umedecidos pelas lágrimas do arrependimento.

– Está sendo tratada convenientemente, meu querido. Não se preocupe e não se lastime, porque novas oportunidades nos aguardam.

– Sim, meu pai. Nossos guias nos informaram que, em breve, renasceremos, todos juntos, na mesma família.

– Nós nos casaremos novamente, Jacques. Teremos Eliette como nossa filha, pela bênção do Pai e quando, na sua juventude, encontrar o amor de sua vida e consorciar-se, receberá a sua tia de hoje como filha. Você acalentará aquela que foi minha irmã como neta querida e nos responsabilizaremos pela sua educação na seara espírita.

– Laurette, como Deus é bom para conosco!...

– Sempre, Jacques. Seu amor não nos falta nunca. Nós é que nos rebelamos, mas, quando decidimos retornar ao seu regaço, as oportunidades de revisão e refazimento de nossas faltas ressurgem abençoadas.

– Uma coisa ainda inquieta meu coração, Eliette. Deveria ter superado esse trauma, porém, ainda sou um espírito em aprendizado, que falhou grosseiramente. O que foi feito de você, quando partiu para Paris?

– Quando percebi que minha tia negociava minha pessoa com ricos e desequilibrados senhores, que buscavam o prazer escuso, fugi de sua casa e, em pânico, sem me atentar para o movimento de uma avenida, fui atropelada por uma carruagem. Tanto o cocheiro como os passageiros, dois homens, que tinham problemas sérios com a polícia, me puseram no veículo, dizendo para alguns transeuntes que me levariam a um hospital. Percebendo que meu corpo expirara após alguns instantes, resolveram lançá-lo no Sena, em local mais deserto, para que não se comprometessem ainda mais. Minha tia, quando soube do atropelamento, procurou-me nos hospitais. Não obtendo informação alguma, entrou em tamanho desespero, que resolveu fugir da responsabilidade. Porém, depois que me reencontrei na dimensão atual, pude analisar a minha irresponsabilidade para com ela em existências passadas, onde fui, na verdade, a pessoa que a desviou do caminho do bem, utilizando-a como verdadeiro objeto sexual, desrespeitando-a como mãe desalmada e inconsequente que fui. Veja, meu pai, que nada ocorre por acaso nas leis de Deus e, de agora em diante, terei a bênção de reencaminhá-la, contando com a sua ajuda e a de mamãe.

Naquele instante, Laurette aproximou-se e, abraçando o marido e a filha, convidou:

— Vamos, meus queridos, porque os nossos compromissos de resgate, com o amor, estão nos aguardando...

FIM

Esta edição foi impressa nas gráficas da Assahi Gráfica e Editora, de São Bernardo do Campo, SP, sendo tiradas três mil cópias, todas em formato fechado 140x210mm e com mancha de 90x158mm. Os papéis utilizados foram o Norbrite Book Cream (Norpac) 66,6g/m² para o miolo e o cartão AllyKing Cream Hi Bulk C1S (Asia Pulp & Paper) 250g/m² para a capa. O texto foi composto em Goudy Old Style 12,5/14 e os títulos em Trajan Pro 20/22. Maria Esguicero realizou a revisão do texto. André Stenico elaborou a programação visual da capa e o projeto gráfico do miolo.

SETEMBRO DE 2016